Matimba

Max und Fridolin erkunden Südafrika

Thomas Werner

ist 1968 geboren worden. In Mainz erblickte er als Zwillingskind die Welt, wuchs in Rheinhessen auf und ist seit 18 Jahren als Führungskraft in Banken aktiv. Als vielseitiger Sportler fühlt er sich nicht nur an Land, sondern auch – wie sein Freund und Protagonist, der Pinguin Max - im Wasser pudelwohl.

Der Autor bereiste nach dem Ende der Apartheidspolitik zusammen mit seiner Frau das aufstrebende Südafrika. Als Förderer zahlreicher Hilfsorganisationen, wie zum Beispiel Plan International und World Vision, hat er sich selbst einen Eindruck von den Lebensumständen in Afrika gemacht. So war der Besuch eines ihrer „Patenkinder" in Südafrika für das Ehepaar ein einschneidendes und prägendes Erlebnis. Es unterstützt den WWF als „Global 200-Protector" beim Schutz aussterbensbedrohter Tiere und Pflanzen in den wichtigsten Ökoregionen der Erde.

Thomas Werner

Matimba

Max und Fridolin
erkunden Südafrika

VERLAG
AUF DER
WARFT

ISBN 978-3-939211-42-6

 Umschlaggestaltung: Anne Breitenbach. Foto Autor: t.w. klein. Fotos Inhalt: Yvonne Werner. Illustrationen: Barbara Skrobek. Idee Interaktive Konzeption, Gestaltung und sprachliche Überarbeitung: PD Dr. Klaus Siewert; Lektorat: Rolf Siewert.

Vorwort

Nachdem Nelson Mandela 18 Jahre auf Robben Island, zwölf Kilometer vor Kapstadt, gefangen gehalten wurde, stellt diese Insel heute den natürlichen Lebensraum für eine Pinguinkolonie dar. Sie ist so außergewöhnlich, dass sie von der UNESCO als Weltkulturerbe eingestuft wurde. Ehemalige Häftlinge führen Besucher, die täglich mit Schiffen zwischen Kapstadt und der Insel pendeln, durch die einstigen Gefängnisräume.

Vor dieser besonderen Kulisse und im Angesicht des Tafelbergs brechen Max, der schüchterne Pinguin, und sein vorwitziger Pelikanfreund Fridolin zu einer Abenteuerreise durch Südafrika auf. Inspiriert durch Erzählungen von Fridolins Großvater suchen die beiden Entdecker nach dem Leoparden Matimba. An reizvollen Orten Südafrikas: Kap der Guten Hoffnung, Hermanus, Addo Elephant Park und Tafelberg, werden Tier- und Naturphänomene aus der Perspektive des schwimmenden Pinguins und des fliegenden Pelikans beschrieben. Jeder ist in seinem Element einzigartig, der eine unter Wasser und der andere in der Luft. Der Pelikan beneidet den Pinguin um seine Erfahrungen in den Tiefen des Meeres, Max träumt von der Möglichkeit, wie Fridolin in Windeseile davonfliegen zu können. An Land tauschen sich beide über ihre Erlebnisse aus, wobei der ängstliche Max oft eine sichere Beute für die wilden Raubtiere zu werden scheint. Sie helfen sich in gefährlichen Situationen gegenseitig und so kommen Verhaltenseigenschaften und Befindlichkeiten wie Freundschaft, Zuverlässigkeit, Angst und Mut zu Tage. Rückblenden auf Max´ Erziehung durch seine Pinguineltern zeigen familiäre Strukturen auf und vermitteln soziale Verhaltensmuster.

Vor der Kulisse landschaftlicher Höhepunkte Südafrikas begegnen den Abenteurern wilde Tiere, die eine Faszination auf Max und Fridolin ausüben. So begegnen den Freunden Affen am Kap der Guten Hoffnung, Wale bei Hermanus, Elefanten, schlammbadende Nashörner und ein hilfsbereiter Singvogel an anderen Orten ihrer Reise. Sie beobachten Zebras, Antilopen, den jagenden Leoparden Matimba und Krokodile. Auf der Heimreise entlang der Wild Coast werden sie begleitet vom Tümmler Limbo. Bei der Begegnung mit einem Jungen auf dem Tafelberg entdeckt Fridolin Besonderheiten menschlicher Verhaltensweisen, unterschiedliche Denkmuster zwischen Tier und Mensch werden sichtbar. Hin- und hergerissen zwischen Wut und Angst warten die Pinguineltern derweil sehnsüchtig auf die Rückkehr der beiden Ausreißer. Werden Sie den Angriffen der wilden Tiere entkommen sein und wohlbehalten zur Heimatinsel zurückkehren? Matimba ist ein Buch über faszinierende Natur- und Tierphänomene, vom Aussterben bedrohter Tierarten und gefährdeter Landschaften.

Du hast Lust bekommen, nach Südafrika zu reisen, oder möchtest nach einem Urlaub in Afrika schöne Erinnerungen wieder wachrufen? Da die frei erfundene Tiergeschichte eingebettet ist in eine reale Umgebung, kannst Du als interessierter Leser die Orte der Handlung, zum Beispiel in Wikipedia, aus der Ferne betreten oder bei einer Reise in das Land besuchen. Die Landkarte hilft Dir dabei, die Spur der beiden Abenteurer zu verfolgen. Viel Spaß!

Mein Dank gilt meiner Ehefrau Yvonne, die mit ihren Tier- und Landschaftsaufnahmen und einem Kreativkurs den Anstoß zu diesem Buch gab. Weiterhin danke ich dem Sprachwissenschaftler und Verleger, PD Dr. Klaus Siewert, für die sprachliche Überarbeitung des Textes und die konzeptionelle Idee der interaktiven Einbindung des Lesers. Hilfreiche Ratschläge gaben sonst Thomas Hilka, Christine Kranz sowie Hans-Joachim Schweimler und dessen pfiffige Tochter, die von der Geschichte so begeistert waren, dass sie mich bei unserer zufälligen Begegnung auf der Leipziger Buchmesse im Frühjahr 2012 kurzerhand zum Verleger geschickt haben. Herzlichen Dank auch an meine Schwester, meine Eltern, an Riggo, Michi und Peter, die mich bei den Vorarbeiten zu dem Buch unterstützt haben.

Thomas Werner   *Wiesbaden, den 25.5.2012*

Matimba – ein Mitmachbuch für die ganze Familie!

▼

Die mit Max, Fridolin und Matimba markierten Stellen im Text fordern Dich dazu auf, die Geschichte mit Hilfe Deiner eigenen Phantasie auszugestalten und auf diese Weise interaktiv am Text mitzuarbeiten.

Wie das geht?

Ganz einfach: schicke Deinen Lückentext einfach per E-Mail an matimba.buch@gmx.de. Die besten Texte werden dann in die nächste Fassung der Geschichte aufgenommen und mit einem Buchgeschenk belohnt.

Auf geht´s!

Inhaltsverzeichnis

Inhaltsverzeichnis

Max & Fridolin

„Hi, Max!

Lass´ uns den Kindern flupp-die-wupp erzählen, wo wir uns kennen-
gelernt haben und wieso sich ein schüchterner Pinguin so gut mit
einem vorlauten Pelikan versteht."

„O.k. Fridolin! Wir sind uns auf einer Insel vor Südafrika zum ersten
Mal begegnet und nun sind wir dicke Freunde. Du bist deutlich
mutiger und vorwitziger als ich, doch manchmal habe ich das
Gefühl, ich bin Dir auch schnurz-piep-egal. Dann fliegst Du einfach
los und so hätten wir uns schon ab und zu beinahe verpasst. Meine
Eltern sagen hierzu immer, Gegensätze ziehen sich an. Na ja, ich
stelle uns kurz mal vor: ich bin Max, der Pinguin, und das ist mein
Kumpel Fridolin, der Pelikan. So, jetzt lass uns endlich aufbrechen
zu unserer Abenteuerreise, wir verlieren sonst zu viel Zeit!"

Landkarte

1. Der Plan

Als sich die Sonne langsam über den Horizont wagte, streckte Fridolin seinen Schnabel aus seinem zerzausten Gefieder und sah das Glitzern auf der Wasseroberfläche. Er hasste es, dieses blendende Sonnenlicht zu dieser frühen Stunde. Fridolin war nun 14 Monate alt und ein Pelikan, der es sich auf einem Felsen, seinem Lieblingsschlafplatz, gerade bequem gemacht hatte.

Wo war denn jetzt schon wieder sein Freund Max? Er blinzelte durch seine müden Augen und suchte links und suchte rechts. Max war verschwunden. Es war auch so eigenartig ruhig rund um ihn herum. Merkwürdig, dachte Fridolin und schwang sich auf, um nach seinem Freund Ausschau zu halten. Einige kräftige Armschwingen - und er sauste an der felsigen Küste entlang und spürte, wie seine Müdigkeit einer lebendigen Neugierde wich.

„Aah, da bist Du ja Max, guten Morgen!" Max stand am Sandstrand, zusammen mit seiner Pinguinfamilie, und schüttelte sich die Wassertropfen von seinem Gefieder. „Ipf hapf pferade einen pfleckeren Fisch gepfangen - mmh lecker, Fripfolin." „Typisch Max, kaum wach und schon wieder den Bauch voller Fische! Hast Du mir noch was übrig gelassen oder den Ozean schon leer gefischt?", rief Fridolin zu ihm herüber. „Na pfomm‘ schon, pfunruhiger Flieger, ipf sag‘ Dir, pfo die fetten Fische in der Morgensonne tanzen. Ein pfanzer Schwarm pfoller, pfetter Fische", kaute Max, der quirlige Pinguin, weiter und wartete, bis sein Freund zu ihm herabgesegelt kam.

„Wie Du in aller Herrgottsfrühe schon so verfressen sein kannst, geht mir nicht in meinen Schnabel! Du verschluckst Dich noch an Deinen dicken Makrelen, Max." Der Pinguin würgte seinen Fischhappen herunter und sagte: „Wenn Du auch immer nachts um die Insel herum fliegst, ist mir klar, warum Du jeden Sonnenaufgang verpasst. Der Morgenfang war super lecker, Fridolin!" „Dieser Morgen ist doch genauso langweilig wie der gestrige Morgen. Ich habe heute Nacht wieder von unserer Reise geträumt. Es waren wieder die Glühwürmchen auf der Insel gegenüber zu sehen und ich konnte danach wieder die halbe Nacht kein Auge zumachen. Was meinst Du, wie weit sind die Glühwürmchen am anderen Ufer von uns entfernt, Max?" Der Pinguin schüttelte ungläubig den Kopf. „Das kommt davon, wenn Du mitten in der Nacht noch umher fliegst und Dir Gedanken über die bunten Punkte da drüben machst. Morgens ist davon nix mehr zu sehen."

Er hatte auch schon bei klarer Luft und gutem Wetter die tausend Sterne am Himmel betrachtet. Fridolin interessierte sich stattdessen seit mehreren Vollmonden für die bunten Lichter am Ufer der anderen Insel, die man bei sternenklarer Nacht sehen konnte. „Sie gehören zu den Menschen, die uns mit den Schiffen besuchen kommen, Fridolin. Sobald sie abends mit den letzten Motorbooten heimfahren, sind später die Glühwürmchen zu erkennen. Noch nie waren die Lichter gleichzeitig zu sehen, wenn die Menschen noch auf unserer schönen Insel herumlaufen. Ich glaube, jeder Mensch hat auch einen Schlafplatz, wie wir. Sie sehen schlecht in der Nacht. Damit sie den richtigen Platz im Dunkeln finden, leuchtet ihnen an jedem Schlafplatz ein Glühwürmchen. So weiß jeder, wo er schlafen kann, Fridolin." „So ein Quatsch! Ich will es selbst raus bekommen.

Vielleicht haben sie auch nur Angst im Dunkeln und fürchten sich in der Nacht. Ich will es mit meinen eigenen Augen sehen und morgen fahre ich mit dem Boot zur anderen Insel und schaue selbst nach. Bist Du nun mit dabei oder bleibst Du weiter auf dieser langweiligen Insel im großen Meer?" „Meine Eltern machen sich immer furchtbare Sorgen, wenn ich nachts nicht wieder zu unserem geschützten Schlafplatz zurückkomme. Du hast es da einfacher – Deinen Pelikaneltern ist das schnurz-piep-egal! Wenn die Sonne untergeht, muss ich wieder am Strand sein, das weißt Du doch, Fridolin", seufzte Max und setzte sich auf einen Felsvorsprung und schaute traurig auf das ruhige Meer hinaus.

Blick auf den Tafelberg

„Wenn es uns nicht gefällt, fahren wir einfach mit dem ersten Boot am nächsten Morgen wieder hierher zurück, Max", sagte Fridolin. „Versprochen ist versprochen! Ich gebe Dir mein federleichtes

Ehrenwort, dass ich gut auf Dich aufpasse. Ich habe Augen wie ein Adler und Kraft wie ein Bär. Lass' uns nicht das ganze Leben hier vertrödeln. Mein Großvater William hat mir von Walen, Elefantenherden, Löwen und vielen Holzhöhlen der Menschen berichtet. Bevor er starb, ist er viel herumgekommen und seine Augen glänzten immer, wenn er abends seine Reiseberichte erzählte. Ich bin total stolz auf ihn! Er ist der Einzige, den ich kenne, der es ausgekundschaftet hat, wie es drüben am anderen Ende des Meeres ist. Lass uns heute Abend aufbrechen, Max." „Na gut, ich fahre einmal mit dem Boot `rüber zur anderen Küste. Wenn es dort aber nix Leckeres zum Mampfen gibt oder ich Angst vor anderen gefährlichen Tieren bekomme, fahre ich am nächsten Morgen mit dem ersten Boot wieder zurück, Fridolin. Wenn es mir zu lange dauert, schwimme ich direkt zu unserer Insel zurück. Was Du dann machst, ist mir dann auch schnurz-piep-egal. Ist das klar?"

„Ja, o.k., abgemacht. Ich habe auch schon einen Plan, der auf jeden Fall klappt: Wenn das letzte Boot vor unserer Insel liegt, schwimmst Du an den Anker ran und wartest dort. Wenn sie den schwarzen Bügel an der Kette aus dem Wasser ziehen, lässt Du Dich einfach hochziehen. Der Anker bleibt dann am Boot hängen und Du kannst Dich da gut dran festhalten. So sparen wir riesig viel Kraft und ich fliege einfach neben dem Boot her, Max." „Aber was ist, wenn das Ufer so weit weg ist, dass Du das nicht schaffst in einem Flug bis zur Küste?" „Max, das ist doch flupp-die-wupp ganz einfach! Dann fliege ich auf einen der Holzstämme auf dem Boot, wo die Menschen die flatternden Tücher angebunden haben. Damit fangen die doch den Wind ein. Da lande ich auf einem der Holzpfähle und ruhe mich eine Weile aus. Dort oben kann mir keiner was anhaben. Da bin ich dann sicher und komme wieder zu Kräften." So stieg Fridolin empor und flog eine Acht und dann noch ein Karussell, weil er sich so auf den Abend freute. Endlich war es soweit. Die Reise konnte beginnen.

Als die Sonne müde unterging und der zwölfte oder dreizehnte Fisch sicher in seinem Bauch gelandet war, sprach der Vater von Max noch einmal zu seinem Sohn: „Bist Du Dir sicher, dass Du heute Nacht nicht an der Seite Deiner Mutter auf unserem Schlafplatz an unserer sicheren Sandbucht bleiben willst?" „Ja, Papa. Ich schwimme rüber zu Fridolins Schlafstelle. Wir machen einen Ausflug und er passt auf mich auf." „Dieser Sprücheklopfer, dem fehlt jegliche Erziehung. Pass gut auf Dich auf und Morgen bist Du wieder hier bei Deiner Mutter und bei mir." Dann verabschiedete sich Max und glitt langsam in das leicht bewegte Meer auf dem Weg zum Bootsanlegeplatz.

2. Die Reise beginnt

Fridolin war voller Tatendrang. Endlich ging die lang ersehnte Reise los. Sein Großvater hatte ihm oft von einem Land erzählt, in dem wilde Tiere in riesigen Gruppen lebten. Er berichtete von Giraffen, die sich langsam fortbewegen und mit erhobenen, langen Hälsen die leckeren Triebe von den Bäumen herunterpflücken. Dieses Land nennen die Menschen „Südafrika". Es beginnt dort, wo jeden Abend die Sonne untergeht. Sein Blick richtete sich auf das gegenüberliegende Festland.

Tafelberg von Robben Island aus

Es muss ein riesiges Land sein, wenn selbst die Sonne sich dahinter verstecken kann, dachte Fridolin und schwang sich in die immer noch warme Luft. Wo bleibt denn nun schon wieder Max? Hat sein strenger Vater ihm doch einen Strich durch die Rechnung gemacht und ihm den nächtlichen Ausflug verboten? Das wäre nicht das erste Mal, dass sich eine tolle Idee nicht verwirklichen ließ, nur weil die Eltern von Max nicht wollten, dass er mitkam.

Er suchte das Ufer ab und schon erkannte er seinen Freund im Wasser. Er tauchte knapp unter der Wasseroberfläche entlang und näherte sich dem weißen Boot, auf dessen Seiten mit großen Buchstaben „ROBBEN" gemalt war. Mit seinem geschärften Blick erspähte er den Anker, der trotz der ziemlich heftigen Brandung ruhig auf dem sandigen Grund lag. Bis jetzt lief alles flupp-die-wupp!

Fridolin freute sich und sah, dass noch immer Menschen in kurzen Hosen und Hemden das Schiff vom Ufer aus betraten. Sie waren stets unterwegs, am Tag kamen sie in Horden mit der „ROBBEN" an Land. Dann liefen sie zu zweit oder im großen Rudel hinter jemandem her, der einen Schirm in die Luft hielt. Sehen irgendwie lustig aus, wie Ameisen, von denen es hier auf der Insel eine unglaubliche Vielzahl gab. Ja, so ähnlich sah es nun schon wieder in Ufernähe aus, denn in langgezogenen Reihen marschierten sie über die ausgefahrene Brücke auf das Boot. Keiner der Menschen schien hier zu schlafen, sie kehrten spätestens bei Sonnenuntergang immer wieder zu ihrem Schlafplatz zurück.

Dieses Schauspiel brachte ihn schon vor vielen Monden auf eine Idee und einen phantastischen Plan, den Max und er heute Nacht endlich ausführen würden. Nichts mehr stand dem spannenden Ausflug nach Südafrika im Wege! Max wunderte sich, wie rostig und dreckig das Boot aussah. Putzten die Menschen sich denn überhaupt nicht, so wie er es mehrmals täglich machte? Er trocknete sich nach jedem Tauchgang intensiv ab und machte selbst kleinste Essensreste und Algen, die an ihm klebten, nach einem köstlichen Mahl sofort weg. Nach dem Fischfang erstmal putzen, lautete die Devise seiner Mutter. Es nervte ihn total und wenn sie nicht hinschaute, vergaß er das Putzen und begann oftmals sofort mit dem

Spielen am Strand. Das geht doch auch beim nächsten Tauchen von selbst wieder aus meinem Wams raus, dachte er dann und hoffte, dass seine Mutter ihm diesen blöden Spruch nicht noch hinterher rief. Das war ihm dann immer total peinlich vor seinen Pinguinfreunden, und vor allem vor Fridolin. Der nahm es mit der täglichen Hygiene nicht so genau. Dafür hatte er stets tolle Ideen und steckte voller Geschichten vom spannenden Leben in seinem Traumland Südafrika.

Er erreichte den dreckigen Anker und setzte sich mit einem leckeren Seelachs im Maul auf den rostigen Bügel, der im Sand ruhte.

Eigentlich könnte ich vor meiner langen Reise ja noch mal ordentlich Fische fressen, dachte sich Max. Wer weiß, wann ich wieder einen leckeren Happen bekomme? Seine Eltern hatten ihn schon von klein auf davor gewarnt, in der Dunkelheit zu tauchen. Die großen Fischjäger kommen dann mit riesigem Appetit und fressen die Kleinen. Aber noch viel gefährlicher seien die Netze der Menschen, die sie jede Nacht in das Meer werfen. „Nimm Dich in Acht vor den Netzen in der Nacht, Max!", so schallte es häufig von seinem Papa herüber. Viele seiner Freunde waren nicht mehr zurückgekehrt von ihren Nachttauchgängen.

Plötzlich begann sich die Kette zu bewegen und jemand zog den Metallbügel langsam aus dem Meeresgrund empor. Er klammerte sich an den Anker und die rostigen Kette und hörte, wie sein Herz anfing zu trommeln. Hoffentlich hatte Fridolin Recht und er würde nicht von einem der Menschen an Bord der „ROBBEN" entdeckt. Er erreichte gerade die Wasseroberfläche, als er hörte: „Ich glaube, wir haben langsam einen neuen Anker nötig. Der alte Rostbügel lässt sich ja so schwer rausziehen, Nelson", rief ein schwarzer Mann zu einem anderen Mann mit breiten Schultern, der sechs Mal so groß war wie Max. „Mach' die Kette fest und dann geht's endlich heim, Louis", antwortete der Matrose mit der Kappe auf dem Kopf und schon begann sich das Schiff langsam mit lautem Brummen zu bewegen. Er war noch einmal unerkannt geblieben und saß nun mit dem Rücken zur Bordwand auf dem Anker, der schwer am Schiffs-rumpf herunterhing. Wo war denn Fridolin? Hatte er ihn verpasst oder war er etwa mit dem vorherigen Boot vorausgefahren? Das wäre ja total trottelig von seinem Kumpel und würde zu seiner Un-geduld so recht passen. Mich hier auf dem Anker hocken lassen und schon vorzufliegen. Doch da entdeckte er seinen Pelikanfreund und sah, wie er vergnügt in kurzer Entfernung vom Schiff seine Bahnen zog. Es schien gerade so, als nickte Fridolin ihm mit seinem Riesenschnabel zu und da war es Max schon erheblich wohler. Mit Fridolin wird das bestimmt super lustig. Er hat immer den totalen Überblick und konnte mit seinem Scharfblick selbst auf eine Meile leckere Fische ausfindig machen.

Das Schiff machte einen Höllenlärm und der schwere Dieselgeruch der Maschinen legte einen dunklen Schleier zwischen das Boot und die Insel. Das Meer war richtig aufgewühlt und so schaukelte das Schiff im Wasser auf und ab. Max war das total egal, denn er hatte sich vor der Fahrt noch schnell den Bauch mit drei großen Fischen vollgestopft und begann langsam zu dösen. Das Wasser glitzerte wie ein riesiger Fischschwarm und Max sah sich in seinem Traum schon bei der Jagd quer durch Tausende orangefarbener Fische. „Hey, wach auf, Max, wir sind gleich da", rief Fridolin von einem Holzmast aus zu seinem schlummernden Freund. Tatsächlich – es war die Dämmerung über das Meer gekommen und Möwen umkreisten in lautem Geschrei das Schiff. „Spring ins Wasser, Max, und folge mir, ich fliege voraus. Die letzten Meter ziehen wir unsere eigenen Bahnen. Da vorne sind zu viele Menschen und zu viele Schiffe. Das könnte Ärger geben." „Meinst Du, die haben die Netze schon ausgeworfen, Fridolin?", fragte Max ängstlich. „Hier sind keine Fische mehr. Habe schon eine halbe Meile weit keinen Schwarm mehr gesehen. Überall nur Menschen, die von Inseln wieder mit Booten zurückkehren", krächzte Fridolin. „Ich fliege an einen einsamen Strand, dann kannst Du sicher an Land schwimmen. Habe kein gutes Gefühl, wenn wir noch länger hier bleiben, Max." Das hatte ihm gerade noch gefehlt. Mitten aus einem tollen Traum aufgewacht, umgeben von Tausenden glitzernder Saiblinge, und nun eine Bucht ohne Fische? Das soll das zauberhafte Südafrika sein? Enttäuscht rutschte Max von seinem Ruheplatz und war froh, dass er den rostigen Bügel nach der Überfahrt wieder verlassen konnte. Doch was erwartete ihn nun an der Küste dieses unbekannten Landes?

Fridolin startete von seinem Sitzplatz in die warme Abendluft, steuerte auf einen Küstenabschnitt zu und sah schon, dass die Brandung mächtig gegen die Felsen klatschte. Das war genau nach seinem Geschmack. Hier war endlich was los! Mit großen, gleichmäßigen Schwingen steuerte er auf die felsige Küste zu und sah, wie das Wasser in rhythmischen Bewegungen gegen die schroffen Wände schlug.

Kap der Guten Hoffnung

Die Gischt des aufgewirbelten Wassers ließ die Gegend wie in einen feinen Nebel eintauchen. Max lugte immer wieder aus dem Wasser empor und folgte der Bahn, die Fridolin zog. Er kam an großen Haien vorbei, die sich langsam auf die Suche nach Nahrung machten und ihre Abendpatrouille in einsamen Zügen begannen. Das Leben eines Hais wäre kein Leben für mich! Immer allein zu schwimmen und von keinem anderen Wesen gemocht zu werden. Alle Fische fürchten sich vor ihnen und sie können auch nie an Land gehen. Sie schlafen nie wirklich und jedes Tier passt stets auf, dass keiner der anderen Haie in dem eigenen Revier jagt. Da bin ich lieber zu Wasser und zu Land mit Fridolin und meinen Pinguin-freunden zusammen. Wir jagen gemeinsam, spielen zusammen und selbst beim Schlafen kuscheln wir uns mit unserem schwarzen Wams eng aneinander und beschützen uns gegenseitig. Da war ja auch schon die Küste!

Fridolin landete auf einem Felsvorsprung, der so weit herausragte, dass kein Wasser mehr zu ihm gelangen konnte und wartete. „Da bist Du ja endlich, Max! Du träumst auch ständig rum. Ich dachte schon, Du kommst hier nie mehr an." Max watschelte aus dem Wasser und hüpfte über vier Stufen auf den großen Felsen, auf dem neben Fridolin noch reichlich Platz war. „Bin froh, dass wir keine Netze unterwegs gesehen haben, Fridolin", sagte der erleichterte Pinguin. „Das ist doch immer diese Angstmacherei von Deinen Eltern. Hier ist das Wasser so unruhig, da habe ich kein einziges Boot entdeckt, soweit mein scharfes Pelikanauge auch reicht", krächzte Fridolin.

3. Unruhige Nacht am Kap

Die Dunkelheit kam schnell und die ersten Sterne glitzerten in der Ferne. Von diesem Platz aus konnten sie ihre Insel nur noch als kleinen Punkt erkennen. Dieser winzige Fleck soll ihre Rieseninsel sein, wo sie bislang jeden Tag und jede Nacht herumgetollt hatten? „Unser jetziger Ort ist das sagenumwobene ‚Kap der Guten Hoffnung'. Mein Großvater war unzählige Male hier und hat mir oft davon erzählt.

Hier leben viele Affen und das Wasser ist manchmal so unruhig, dass es die größten Wellen gibt, die Du Dir vorstellen kannst. Sie sollen einige Schiffe sogar so getroffen haben, dass sie schließlich vor der Küste untergegangen sind. Die Menschen sind, nach meinen Erinnerungen an Opas Geschichten, fast alle ertrunken. Es waren Piraten, die sich in dieser Gegend nicht gut auskannten, und flupp-die-wupp wurden sie bei schlechter Sicht und tosender Brandung gegen die Felsen geschleudert. Andere zog es in kräftigen Strudeln in die Untiefen des Meeres hinunter und da viele dieser Menschen nicht schwimmen konnten, war es um sie geschehen. Gruselig, oder?" Max stellte sich hin und dachte über die eigenartige Geschichte seines Freundes nach. „Meinst Du, die Affen hier in Südafrika fressen auch Pelikane und Pinguine? Ich habe noch nie welche gesehen. Sind die größer als die Kaninchen auf unserer Insel?", fragte Max. „Ha, ha, ha, na klar! Aber Du brauchst Dir keine Sorgen zu machen. Ich bin doch bei Dir. Ich höre mit meinen Pelikanohren meilenweit und bin es ja gewohnt, nachts jede Bewegung auf dem Land aus der Luft zu erkennen. Würde ja eine Maus aus 100 Meter Höhe sehen! Du weißt doch, Max, Augen wie ein Adler und Kraft wie ein Bär!"

Max war dennoch ängstlich, denn seine Eltern hatten ihm schon seit seiner frühen Kindheit erklärt, weshalb er nachts seinen Schlafplatz und seine Familie nicht verlassen solle. Es lauerten überall gefährliche Tiere und es war die erste Nacht, die Max außerhalb seiner gewohnten Umgebung verbrachte.

Er war schon sehr müde, denn auch die Überfahrt in der ständigen Sorge, von einem der groben Menschen auf dem Schiff entdeckt zu werden, hatten ihn permanent in Alarmbereitschaft versetzt. „Warum heißt die Gegend denn ‚Kap der Guten Hoffnung'? Hoffnung ist doch immer was Gutes, oder?", fragte Max und blickte zu seinem Pelikanfreund. „Da siehst Du wieder, was für ein Quatsch von den Menschen kommt. Wenn ich einen Fischschwarm entdecke und auf eine fette Beute hoffe, ist das immer gut. Sehr gut ist, wenn ich schon ein ausgewachsenes Prachtstück im Schnabel habe. Mein Opa sagte mir mal, dass sich die Menschen untereinander nicht alle verstünden. Sie benützten unterschiedliche Sprachen, so wie wenn Du unter Wasser etwas blubbern würdest und ich soll Dich dann hier oben auf dem Felsen verstehen. Sie haben solch ein Durcheinander veranstaltet, dass dann so ein Geblubber von `Guter Hoffnung´ herausgekommen ist."

Fridolin war sehr glücklich. Endlich konnte er dieses Land erkunden, von dem er schon so häufig geträumt hatte. Er konnte es gar nicht erwarten, bis es wieder hell wurde und die Sonne die Luft erwärmte. Dann würde er mit Max die Küste entlang fliegen und sicher seltsame Tiere kennenlernen. Von wegen, morgen früh wieder zurückkehren, er dachte überhaupt nicht daran! Er wollte doch nicht sein halbes Pelikanleben auf dieser langweiligen Sandinsel verbringen. Er war gespannt darauf, ein richtiges Abenteuer zu erleben und Max würde sicher Spaß daran finden und vergessen, dass er schon am nächsten Tag zurückkehren sollte. „Du, Fridolin, unterbrach ihn Max, hast Du eben diesen Schrei gehört?" Er bibberte am ganzen Körper und schaute sich besorgt um. „Ka-ka-kann das sein, dass-das-das so ein Riesenaffe ist?" „So ein Blödsinn, ich fliege mal flupp-die-wupp nach oben und werde meinen Pelikanblick über die Landschaft schweifen lassen. Du brauchst keine Angst zu haben, Max."

Er flatterte mit kurzen, kräftigen Schwingen nach oben, denn der Wind hatte etwas aufgefrischt und so musste er erst einmal vom

Felsvorsprung aus etwas an Höhe gewinnen. Unsicher verfolgte Max das Treiben und konzentrierte sich auf die Geräusche, die aus der nahen Entfernung zu kommen schienen. Hätte er doch nur auf seinen Vater gehört, dann würde er jetzt nicht mitten in der Nacht von einer Horde hungriger Affen gefressen, dachte der kleine Pinguin. Da waren sie wieder, diese kreischenden Laute, die er noch nie gehört hatte und er hoffte, dass Fridolin gleich zurückkehrte. Der war clever und wusste bestimmt eine Lösung.

Fridolin umkreiste die Felsspitze noch drei Mal und landete dann direkt neben dem verunsicherten Pinguin auf dem steinigen Untergrund. „Du hattest Recht, Max, da bekämpfen sich zwei Affen im Inneren des Landes. Mein Opa hat mir erzählt, die essen alles, was auf Bäumen wächst, und da brauchen wir uns ja wohl keine Sorgen zu machen, dass wir zwei mit solchen Früchten verwechselt werden, oder?", lachte Fridolin und schuppste Max leicht von der Seite an.

Affe im Baum

27

„Doch sicher ist sicher, deshalb gehen wir noch ein bisschen näher an die starke Brandung. Da ist ein großer Fels, der wird von allen Seiten völlig umspült. Da können wir ohne Sorgen ein kurzes Nickerchen machen und die Affen können uns dort nix mehr anhaben."

„Das hört sich gut an. Lass uns schnell loshüpfen, dann kann ich mich bald auch zum Schlafen hinlegen. Bin schon ganz schön müde", rief Max, doch der Pelikan war schon aufgesprungen und glitt langsam zu dem Felsen in der aufschäumenden Brandung hinüber. Als beide das anvisierte Ziel erreicht hatten, schüttelte sich Max kräftig und er war froh, nun endlich in Sicherheit zu sein. Der bevorstehende Tauchgang in der dunklen, rauen See hatte ihm nicht behagt und ihm ein Herztrommelfeuer bereitet. Die Warnung seiner Eltern, nicht bei Nacht ins Wasser zu gehen, dröhnte laut in seinen Ohren nach. Doch die Angst vor den gefährlichen Riesenaffen war größer gewesen und die hoffnungsvolle Aussicht auf den sicheren Schlafplatz trieb ihn durch den dunklen Ozean zum Ziel. Jetzt waren sie gerettet und der Pinguin wollte es sich gerade etwas bequem machen, da war er schon in einen tiefen Traum versunken.

4. Sorgen um Max

Am Sandstrand von Robben Island herrschte bereits hektische Betriebsamkeit. Die Eltern von Max waren schon aus ihrem unruhigen Schlaf erwacht und hielten Ausschau nach ihrem Sohn.

Besorgte Pinguineltern

Überall hüpften schwarz-weiße Artgenossen auf den Steinen und auf dem Sand auf und ab und die ersten Pinguine wackelten bereits auf das Meer zu. Das Wasser war sehr ruhig heute Morgen und lud viele zum frühen Tauchgang ein. Sie hatten schon gehört, dass es reichlich Beute in der Nähe des Ufers zu finden gab und fast jeder in der Pinguinkolonie war der Auffassung, dass es ein richtig guter Tag werden würde. Jedoch richteten sich die Gedanken der beiden Eltern von Max nicht auf den nächsten Tauchgang, sondern vielmehr auf die ersehnte Rückkehr ihres Sohnes.

„Meinst Du, Mario, ich sollte mich einmal umhören, ob jemand etwas von Fridolin und Max gehört hat?", fragte Melanie mit besorgter Stimme. „Ach was, der Junge ist doch kein kleines Kind mehr! Der Umgang mit diesem fliegenden Schlitzohr bekommt ihm nur nicht gut. Max weiß, wie er sich zu verhalten hat und vor allem kennt er diese Insel bis hin zu jeder kleinen Felsspalte. Die beiden sind sicher wieder bei einem ihrer unsinnigen Abenteuer, zu dem Fridolin deinen Sohn wieder einmal angestiftet haben wird. Der kommt nachher schon wieder, den Weg kennt er ja", antwortete Mario und schob sich tröstend und wärmend an seine Frau heran. Melanie seufzte und sagte: „Wenn Du wieder einmal recht behältst, bin ich erleichtert. Sicher kommt er bis zum Mittagessen zurück und erzählt uns aufgeregt, was er mit seinem Freund auf der anderen Seite der Insel alles erlebt hat." Doch irgendetwas tief in ihr ließ sie selbst an ihrer Aussage zweifeln, die sie auch ein bisschen zur Beruhigung ihres Mannes geäußert hatte.

Sie watschelten langsam zur kleinen Uferbefestigung, von der aus sie leicht ins Wasser springen konnten. Jetzt erstmal ausgiebig frühstücken und nach leckeren Fischen tauchen und dann sieht die Welt bestimmt schon wieder anders aus! Wie jeden Morgen wartete sie, bis Mario sicher im Meer gelandet war und sprang dann in kurzem Abstand hinterher. So hatten sie es schon immer gemacht, seitdem sie auf diesem Strand zusammenlebten. Das Wasser fühlte sich heute besonders kühl an, doch es würde nicht mehr lange dauern, bis die Sonne ihre Arbeit mit voller Kraft aufgenommen haben würde.

5. Auf den Spuren Matimbas

Unterdessen wachte Max auf und weckte seinen Freund, der fast von seinem Standbein gefallen wäre. „Was ist denn", krächzte der Pelikan. „Wir sollten los, Du weißt doch, dass die Fähre bereits bei Sonnenaufgang mit den Menschen an Bord zu unserer Insel aufbricht. Die wollten wir doch gleich wieder erreichen, um noch vor Mittag wieder auf Robben Island zu sein", sagte Max und begann seine müden Glieder kräftig zu strecken. „Lass' uns erst nach dem berühmten Leoparden Matimba Ausschau halten. Mein Großvater war zufällig gerade auf einem seiner zahlreichen Ausflüge, als er das Licht der Welt erblickte. Er soll in Küstennähe leben, etwas nördlich von dieser großen Stadt mit dem flachen Berg, von wo aus die Fähre ablegt."

Von dem Leoparden hatte Fridolin schon häufig geschwärmt und auch Max war schon immer daran interessiert gewesen, einen echten Leoparden zu Gesicht zu bekommen. Da er jedoch auch wusste, dass diese Tiere nicht im Meerwasser schwimmen, fragte er sich nun, wie er aus sicherer Entfernung einen Leoparden beobachten konnte, ohne selbst in Lebensgefahr zu geraten. „Das ist doch bestimmt total gefährlich, Fridolin. Wo sollen wir den denn finden?" „Vertraue mir, Max, ich fliege voraus und Du schwimmst unter mir

31

durch die Bucht der großen Stadt und dann fliege ich die Route meines Opas nach. Die hat er mir genau beschrieben. Ich sehe den Weg wie auf einer Schatzkarte vor mir. Und wie Du ihn trotzdem wirst sehen können, obwohl er nicht ins Meer geht, ist doch klar: es mündet ein Fluss in den Ozean, wo Matimba mit seinen Eltern lebt. Er hat vor Wasser so viel Angst wie Du vor den Netzen in der Nacht. Doch er ist genauso durstig wie alle anderen Tiere auch und so kommt er regelmäßig an den Fluss, um zu trinken. Dort werden wir auf ihn warten", rief Fridolin und schwang sich in die Morgenluft empor.

6. Der Chor der Wale

Max sprang ins kühle Meerwasser und war etwas unsicher, weil der Plan seines Freundes doch erheblich vom ursprünglichen Vorhaben abwich. Seine Eltern machten sich sicher schon große Sorgen.

Zum Glück fuhren häufig Fähren zwischen der Stadt mit dem flachen Berg und seiner Heimatinsel hin und her. Er würde halt einfach mit einem anderen Boot etwas später zurückkehren. Wenn das nur gut geht, dachte Max, durchbohrte die Wasseroberfläche und tauchte in das Meer ein. Fridolin kreiste über ihm und setzte zu einem Flug vom Kap der Guten Hoffnung zur Bucht der Stadt an, bei der sie gestern mit der Fähre angekommen waren. Max hatte schon mächtig Hunger, doch nur zwei Fische konnte er bislang auf seinem Tauchzug durch die Bucht erwischen. Komisch, dass es hier so wenig zu fressen gibt, wo doch so viele Menschen hier leben. Hier würde es mir nicht gefallen.

Schon wieder hörte er laute Motorgeräusche, weil ein Schiff über ihm seine Bahn durch das Wasser zog. Bei diesem brutalen Krach, den die Menschen verursachen, wundert es mich dann doch nicht, dass hier kein Fisch mehr lebt. Das ist ja nicht zum Aushalten. Wenn sie dann noch ihre mörderischen Netze bei Nacht hier auswerfen, bleibt ja kaum noch ein Fisch übrig. Er tauchte so schnell er konnte durch die Bucht und schwamm wieder an die Oberfläche, um seinen fliegenden Begleiter zu suchen. „Das sieht ihm ähnlich. Kaum sagt er, er fliegt über mir, schon saust er wieder meilenweit voraus!" Er konnte ihn gut erkennen, denn sein Flugstil war einzigartig. Kaum war er in der Luft, flog er nie geradeaus, sondern schoss immer erst einmal schnell in die Höhe. Dann kreiste er in großen Runden über dem Meer, wie sein Vorbild, der Adler. Er unterbrach seine gleichmäßigen Flugbewegungen nur, wenn er fette Beute sah. Dann plumpste er in die Tiefe, wie ein Stein, und immer kehrte er mit einem zappelnden Fisch in seinem Schnabel aus dem Wasser zurück. Wenn er tatsächlich einmal leer ausging, dann nur, weil er bereits auf dem Weg zu einem trockenen Futterplatz so gierig nach der Beute schnappte, dass er sie auf dem Weg dorthin wieder verlor. Das kam bei seinem Freund jedoch sehr selten vor. „Jetzt muss ich mich aber sputen, sonst haut er wieder ab und ich kann sehen, wo ich bleibe."

Fridolin hatte schon eine atemberaubende Entdeckung gemacht: als er an der Küste entlang geflogen war, hatte er hinter dem Berg ohne Gipfel Weinpflanzen an den Hängen entdeckt. Sein Großvater hatte ihm davon schon berichtet, doch was er jetzt sah, war beeindruckend: Grün, so weit das Pelikanauge reichte! Doch dann waren seine Flügel zusammengezuckt. Eine riesige Wasserfontäne schoss in die Höhe und schüttelte ihn durch. Was war das denn? Fridolin blieb in der Luft stehen und stellte sich gegen die Luftströmung, so dass er den Grund für das eben Erlebte noch mal in Ruhe bestaunen konnte. War das wahr oder träumte er? „Das ist ja ein Wal da unten! Wahnsinn, so nahe am Ufer, das habe ich ja noch nie erlebt. Das muss ich sofort Max zeigen, der wird sich bestimmt in seinen schwarzen Pinguinfrack machen, vor lauter Angst vor den riesigen Meerestieren", sagte Fridolin zu sich selbst. Er sauste auf die Wasseroberfläche zu und suchte das Meer nach seinem tauchenden Freund ab. Der trödelt wieder rum und haut sich sicher den Bauch voll. Das hat er auch dringend nötig, denn bei dem dicken Wal kriegt er später bestimmt nichts mehr ab.

Schon konnte er die Umrisse des Pinguins unter der klaren, ruhigen Meeresoberfläche entdecken. Er flog zu einem Felsen wenige Meter vor ihm und wartete, bis Max vorbeischwamm. Mit einem kleinen Stein warf er nach ihm - ihr Erkennungszeichen, wo auch immer sie im weiten Meer unterwegs waren. Er hatte stets ein paar Steine in seinem Schnabel, damit schrubbte er Essensreste ab und für seine gezielten Würfe nach dem tauchenden Pinguin waren sie ebenfalls nützlich. „Pfa pfist Du ja, Fripfolin, Pfu fättest ja pfruhig pfeinen kleineren Stein pfnehmen können. Fabe pferade noch fausweichen können, sonst pfätte ich pfeine Beule fabgekriegt", schnaufte Max, der noch den Mund voller Fische hatte und etwas außer Atem war. „Wo bleibst Du denn? Da vorne liegt ein Riesenwal und frisst Dir alle Fische weg", krächzte Fridolin zu Max herüber. „Quatsch, fier im flachen Gepfwässer pfliegt doch kein Wal! Wie kommpfst Du denn auf so was Pferrücktes", rief der Pinguin herüber und wackelte unsicher auf dem Felsen entlang, bis er sicher neben Fridolin Platz nehmen konnte. „Schau, da vorne bläst ein Wal einen großen Wasserstrahl in die Luft. Konnte mich gerade noch vor der Fontäne retten. Wenn ich direkt in diesen Springbrunnen geflogen wäre, hättest Du allein zurückfinden müssen, mein Freund", krächzte er und übertrieb dabei wie immer etwas. „Ach ja, stimmt, und dort drüben auch und da hinten auch. Da liegt ja nicht nur einer, das sind ja gleich sieben oder acht Wale! Das ist ja faszinierend. Habe Wale noch nie aus solch einer Nähe gesehen und gleich so viele in einer Bucht", sagte Max erstaunt zu Fridolin. Alljährlich finden sich die Wale an diesem friedvollen Platz vor der Küste Südafrikas ein. Es schien so, als winkte ihnen einer der Riesen aus dem türkisfarbenen Ozean zu.

Winkender Wal

Sie warteten auf den richtigen Zeitpunkt, um ihr Baby zu gebären und es auf die lange Reise in´s Meer vorzubereiten. Kein Mensch störte sie hier weit und breit und das Meer lag ruhig da, was für einen Herbsttag eher ungewöhnlich war. Sie brauchten jetzt keine Nahrung mehr, bis zu dem Zeitpunkt, an dem das junge Säugetier das Licht der See erblickte. „Das muss die Bucht von Hermanus sein", rief Fridolin aufgeregt. „Hier kommen sie her und flupp-die-wupp kommt ein weißes Baby aus dem Walbauch ´rausgeschwommen. Das ist aber null spannend, meint mein Großvater, denn die Tiere warten manchmal drei bis vier Vollmonde ab, bis der richtige Zeitpunkt gekommen ist." Da hörte Max auch schon die unverwechselbaren Laute eines dunkelgrauen Wals, die er sonst nur aus der Ferne kannte. Unter Wasser konnte man diese eigentümlichen Rufe meilenweit wahrnehmen. „Ich würde das ja gerne einmal mitbekommen, wenn so ein riesiger Wal sein weißes Baby ins Wasser abgibt, doch so lange können wir wirklich nicht warten. Das ist wahrscheinlich schon von Anfang an fünfmal so groß wie ich. Bei uns wäre das bei der Länge kein Baby mehr, sondern wohl eher der dickste und längste Pinguin, den die Welt je gesehen hat! Doch wir müssen ja heute noch nach Hause, Fridolin. Meine Eltern machen sich bestimmt schon ganz doll Sorgen."

„Ja, ja, wir haben schon einen großen Teil geschafft, jetzt tauchst Du ganz tief unter den Walen hindurch und kommst danach wieder hoch. Ich warte dahinten auf Dich." Er zeigte dabei auf eine Landzunge, die am Ende der Bucht weit ins Meer ragte. „O.k., wir schauen noch mal hinter dieser Bucht im Norden, ob wir dort vielleicht den Leoparden Matimba sehen, wenn nicht, drehe ich wieder um und trete den Rückzug an", rief Max und hüpfte an den Rand des schroffen Felsens.

Er sprang kopfüber in die Tiefen und tauchte auf den ersten Wal zu. Der war einfach unvorstellbar groß und lag ganz nah am Ufer, träge im dunkelblauen, glitzernden Meer.

Wal vor der Küste

Nach wenigen Metern hatte er den Meeresgrund erreicht. Nun schwamm er weiter und schnappte sich noch hier und dort einen kleinen Bissen. Die Wale interessierten sich gar nicht für die umher schwimmenden Fische in dieser Bucht. Sie zehrten von ihren Reserven, die sie sich in den letzten Wochen angelegt hatten. Viel aktiver hatte Max die Tiere jedoch schon im offenen Meer erlebt, wenn sie große Fischschwärme verfolgten. Wenn Wale auf die Jagd gehen, dann tun sie dies auf intelligente Art und Weise in der Gruppe. Sie schwimmen einzeln nacheinander kraftvoll in einen

Heringsschwarm, um die Fische zu verwirren. Die Heringe kommen dann an die Wasseroberfläche. Im Zusammenspiel der riesigen Tiere hatte Max beobachtet, wie die riesigen Säugetiere dann mit ihren Schwanzflossen kräftig und rhythmisch mit aller Wucht auf die Oberseite des Wassers schlagen. Die Fische bewegen sich danach nur noch wie betäubt und sind orientierungslos - eine leichte Beute für die cleveren Jäger. Max hingegen ist selten gemeinsam mit anderen Pinguinen seiner Kolonie auf Fischfang. Er hält sich bei diesen gewaltigen Jagdaktionen der Meeressäugetiere lieber in sicherem Abstand zu den Walen. Er hat Angst vor den Schlägen dieser riesigen Schwanzflossen, denn wenn die Walgruppe einmal in Fahrt kommt, geht es drunter und drüber. Ein Schlag auf den Kopf wäre sicher tödlich für einen Pinguin. Seine Eltern haben ihn schon von klein auf vor diesen Riesen des Ozeans gewarnt. „Wale und Pinguine passen nicht zusammen. Sie jagen uns die besten Fische weg und sind rücksichtslose Jäger. Bei denen haben Pinguine nichts verloren", pflegte sein Vater ihm zu sagen.

Als er durch den Chor der Wale hindurch getaucht war, war er voller Freude, denn angesichts eines solchen Erlebnisses würden alle seine Pinguinfreunde vor Neid erblassen. „So toll ist Südafrika?", würden sie fragen und er würde ihnen vom ‚Kap der Guten Hoffnung', den kämpfenden Affen, der Stadt mit dem Berg ohne Gipfel und der Bucht ohne Fische berichten. Dann noch der Weg zu Matimba, mit den gigantischen, friedlichen Walen vor Hermanus, ein absoluter Hammer! Noch nie war ein Pinguin aus seiner Kolonie mit einem solchen Abenteuerbericht zurückgekehrt. Jetzt müsste nur noch der Leopard aus sicherer Entfernung zu beobachten sein, dann wäre es der supergenialste Max-Tag! Langsam tauchte er wieder auf und schaute mit seinen Augen aus dem Wasser, ob keine Gefahr drohte. Das Ufer der Landzunge war schon nah und er erkannte Fridolin, der in Kreisbewegungen das Ufer absuchte, so wie er es schon Hunderte Male gesehen hatte. Von irgendwo her kam Lärm, irgendwo musste ein Boot sein. Schon kam es näher und eine Art Motorrad mit zwei Menschen darauf fuhr mit lautem Getöse an Max vorbei. Er hatte sich noch schnell einige Meter in die Tiefen des Meeres herabgleiten lassen und spürte nur einige der durch das Boot verursachten Wellen. Wenn nicht der ohrenbetäubende Lärm gewesen wäre, hätte er gerne den Menschen hinterher gesehen. So ein Fahrzeug hatte vor Robben Island noch nie ein Mensch benutzt. Es schien den beiden Menschen viel Spaß zu machen, denn sie fuhren in ähnlichen Kreisen durch die Bucht, wie sein Freund das in der Luft tat, wenn er übermütig seine Bahnen zog. Sie bogen vor der Landspitze wieder ab und brausten auf die Küste zu. Max tauchte noch einmal unter und schwamm an einer ausgewachsenen Schildkröte vorbei, die scheinbar ohne festes Ziel gemütlich durch das Wasser paddelte. Hier gab es schöne Korallen und ein kleines Anemonenfischpaar verteidigte sich gegenüber allen vorbeischwimmenden Tieren, als ob es einen außerordentlich wertvollen Schatz verborgen hätte.

7. Der Addo Elephant Park

Fridolin landete auf einem kargen Stein und wartete, bis sein tauchender Freund die restliche Strecke hinter sich hatte. Er war mächtig stolz auf seinen Ausflug mit Max. Das war endlich ein Tag, wie er ihn sich schon so lange gewünscht hatte. Südafrika war einfach toll und nicht so langweilig wie ihre Insel, die jeden Tag von einer Menge Menschen besucht wurde. So richtig verstanden hatte er es noch immer nicht, warum Hunderte täglich per Schiff ankamen und in der Mittagshitze auf Robben Island herumliefen. Er würde einen echten Südafrikaner danach fragen, hatte er beschlossen.

Platsch, und schon war Max vor ihm aus dem Wasser aufgetaucht. „Pfast Du feben diese pfbeiden Menschen fesehen, die mit Föllenlärm fast pfüber mich pfrüber gerauscht pfären?", fragte der schmatzende Pinguin und kletterte auf das flache Ufer zu Fridolin hin. „Ja, das sind Menschen, die da vorne eine Holzhöhle haben. Siehst Du diesen Strand mit dem Holzbau dahinter?" Er zeigte dabei mit seinem Schnabel auf einen kleinen Sandstrand. Max sah die Bucht und schüttelte sich die Tropfen vom Leib, bevor er neben Fridolin zur Ruhe kam. „Hey Max, habe eben Elefanten und riesige Nashörner hinter dem Hügel entdeckt.

Elefantenherde im Addo Elephant Park

Mein Großvater sagte mir, dass sei der Addo Elephant Park, wo eine Menge dieser Kolosse herumstreunen. Sie sind so gewaltig groß, dass sie täglich mehrere Hundert Liter Wasser trinken müssen, um nicht zu verdursten", sagte Fridolin. „Ich habe noch nie welche gesehen. Wenn die doch so viel trinken, dann hätten wir doch am ‚Kap der Guten Hoffnung' oder auf unserem Weg hierher welche von ihnen beim Trinken sehen müssen, oder?", fragte Max, dem das merkwürdig vorkam, was Fridolin ihm soeben erzählt hatte. „Das ist wieder typisch für Dich! Du planschst ja nur im Meer herum und wunderst Dich, dass so ein megagroßer Elefant nicht eben mal so vorbeischwimmt. Die trinken doch kein Salzwasser! Die Elefanten gehen mit der ganzen Familie an Wasserlöcher und spritzen sich dann gegenseitig voll. Sieht aus wie eine Reihe von Springbrunnen, nur dass das Wasser nicht nach oben gepustet wird.

Elefanten am Wasser

Anders die Nashörner: sie wälzen sich im Matsch und machen dann eine richtige Schlammschlacht", lachte Fridolin vergnügt.

Nashorn im Schlamm

Max dachte, wie schade es doch sei, dass Fridolin immer so eine tolle Aussicht hatte aus der Luft. Er kannte nur einen Bruchteil der Dinge außerhalb des Meeres. „Finde es total blöd, dass nur Du alles mitkriegst, was an Land passiert, während ich doof im Wasser herumtauche", sagte ein enttäuschter Max und ließ seinen schwarzen Kopf auf seine weiße Brust sinken. Fridolin rutschte an ihn nah heran und sagte: „Dafür siehst Du hundert Mal mehr unter der Wasseroberfläche als ich. Ich war noch nie in einem Karollenpiff, von dem Du so oft schwärmst", antwortete Fridolin und versuchte, ihn zu trösten. „Ha, ha, Karollenpiff, Ko-ral-len-riff meinst Du wohl! Ja, wahrscheinlich hast Du mal wieder Recht. Ich war nur eben etwas traurig, aber jetzt fühle ich mich schon langsam wieder besser. Korallenriffe sind wirklich etwas gaaaanz Besonderes. Wer das noch nie gesehen hat, hat wirklich etwas verpasst! Sie stehen federleicht in der Strömung, während die Fische an ihnen knabbern. Wenn die Sonne darauf scheint, strahlen sie in grünen, violetten und roten Farben, es gibt fast nix Schöneres – ausgenommen ein Schwarm fetter Meeresfische natürlich, Fridolin", strahlte Max und freute sich schon wieder auf den nächsten Tauchgang mit leckerer Beute.

8. Die lahme Riesenheuschrecke

Fridolin hatte die Vögel in der Nähe des Addo Elephant Parks nach Matimba befragt. Alle hatten von ihm gehört und gemeint, er lebe unweit von hier an der Küste. Doch wo genau sie ihn treffen könnten, vermochte keines der Tiere zu sagen. Einer empfahl ihm den Weg entlang eines Flusses, der von hier aus nördlich ins Meer mündete. Dort habe er ihn gestern gesehen. Ein älterer Vogel berichtete von Matimbas Eltern, die in einem Rudel unweit eines Wasserloches lebten, das noch immer etwas feucht war, trotz der lang anhaltenden Trockenheit während der letzten Mondphasen. Doch alle sagten ihm, er solle sich während der Dunkelheit im Urwald in Acht nehmen. Dort würden allerhand hungrige Gesellen lauern und für unerfahrene Besucher von einer Insel könne dies den schnellen Tod zur Folge haben. Die Jäger in der Nacht verfügen über hervorragende Sehfähigkeiten und so sollten sie möglichst nicht in unübersichtlicher Gegend übernachten.

„Max, ich weiß, wo Matimba sich aufhält", krächzte Fridolin frech und selbstbewusst, wie gewohnt. „Ich fliege langsam, knapp über der Wasseroberfläche, nach Norden und so kannst Du mich vom Meer aus leicht verfolgen. Ich nehme vier oder fünf Steine mit, die lasse ich zusätzlich nach und nach zu Dir herunterfallen, damit Du mich nicht verlierst. Wir sind bald da und dann werden wir am Ziel unserer Reise angekommen sein."

Er musterte sein Gefieder ein letztes Mal und schwang sich dann in die warme Mittagsluft empor. Der Pinguin sprang in das kühle Meer und merkte, wie er wieder Lust auf etwas Nahrhaftes bekam. Er war nicht sonderlich begeistert von dem Fischfanggebiet hier vor Südafrikas Küste. Da hatte er rund um seine Heimatinsel doch erheblich mehr Auswahl an Fischschwärmen. Von kleinen gelben Saiblingen, bis hin zu streitsüchtigen Doktorfischen und roten Schnappern. Hier hingegen waren ihm Andere offenbar zuvorgekommen, doch den einen oder anderen Fang machte er trotzdem auf dem Weg zu Matimbas Aufenthaltsort. Er hielt Ausschau nach Fridolin und sah, dass er tatsächlich ruhig und in gleichmäßigem Tempo in kurzem Abstand über ihn hinwegflog. Selbst ihr Verbindungszeichen funktionierte: von Zeit zu Zeit plumpste ein Steinchen vor Max ins Wasser, er wusste dann, dass er mit Fridolin zusammen auf dem richtigen Kurs war. Plötzlich stieg Fridolin hoch hinauf in die Luft. Max tauchte auf, um zu beobachten, was sein Freund nun wieder im Schilde führte. Was macht er denn bloß? Fridolin bog zur linken Seite ab und stieg höher und höher. Er schien auf die Küste zuzusteuern und Max wartete ab, was passierte.

Fridolin spähte nach dem Wasserloch, denn die Flüsse hatte er schon abgeflogen, ohne ein Zeichen von einem Leoparden entdeckt zu haben. Wo war denn nur diese schlammige Wasserstelle, von der die alte Krähe bei den Elefanten gesprochen hatte? Irgendwo hinter der Felsküste, das hatte er sich gemerkt, doch nirgends konnte er das Wasserloch finden.

Er setzte zum Landeanflug an und fragte eine riesige Heuschrecke, die sich auf einem Stein ausruhte: „Weißt Du, wo Matimba, der Leopard lebt? Er soll sich hier in der Nähe aufhalten", sagte Fridolin, etwas außer Atem nach seinem langen Flug. „Frei Zipf Nipf", sagte die Heuschrecke und kaute genüsslich weiter. „Was?" „Weiß Zipf nicht", wiederholte das riesige Insekt und schaute grimmig und genervt zu dem Pelikan herüber. „Alle Raubtiere sind jetzt am Schlafen, es ist ihnen zu hip", sagte sie zu Fridolin und kaute weiter. „Zu heiß, meinst Du wohl. Ja, das kann ich mir bei dieser Hitze vorstellen. Weißt Du, wo sie sich zum Schlafen hinlegen?", krächzte der Pelikan. „Glaube bei Chateau Chat wo, das ist in der Nähe einer kleinen Farm auf dem Grashügel dort drüben. Dort gibt's `ne Menge schattiger Plätze", sagte die große Heuschrecke und zeigte, unbeirrt weiter dampfend, auf das Landesinnere nach Westen. „Wie nennt ihr die Stelle auf dem Grashügel, mein Freund?", fragte Fridolin ungeduldig, dem dieses langatmige Gefasel sichtlich auf die Nerven ging. Es ging ihm alles viel zu langsam mit der Riesenheuschrecke. „Sonnenfelsen inmitten des Graslandes", rief sie ihm zu und hüpfte weiter, da auch sie keine rechte Lust mehr auf dieses Gespräch hatte. Hier gab es selten so anstrengende und lange Gespräche. Sie wollte weiter fressen und hüpfte an einen einladenden Grashalm. Komisches Völkchen hier im Urwald, dachte sich Fridolin und suchte die Ebene ab nach den beiden Orten, die ihm die Heuschrecke genannt hatte. Aber nun weiß ich ja wenigstens, wonach ich suchen muss. Denn bis zum Einbruch der Dunkelheit will ich auf jeden Fall aus dieser eigenartigen Gegend verschwunden sein.

9. Der Zorntanz des Pinguinvaters

Max kletterte an Land und beobachtete das Meer. Was seine Eltern wohl sagen würden, wenn er erst heute Abend heimkam?

Sie werden fürchterlich schimpfen und ich darf dann bestimmt eine Mondphase lang nicht mehr zu Fridolin. Das war ihm schon einmal passiert, nachdem sein Vater sich furchtbar aufgeregt hatte. Dabei hatten sie nur an einem ihrer Lieblingsplätze herumgetollt. Seine Eltern hatten ihn zwar intensiv gewarnt vor den Menschen mit den ausgeworfenen Netzen, die mit Stöcken und Leinen nach Fischen Ausschau hielten. Diese Menschen konnten von ihren Booten aus ja auch kaum sehen, was sich im Wasser abspielt, sodass sie immer schön an den Netzen vorbeitauchen konnten. Fridolin hatte aufmerksam von oben aus Alles beobachtet und Max tauchte immer wieder aus dem Wasser auf und erzählte anschließend, was er gesehen hatte. Fischschwärme waren unversehens in dieses große Netz geschwommen und da freuten sich die Menschen und feierten später den ganzen Abend auf dem Schiff die wenigen Fische wie einen Glücksfang der besonderen Art. Zwei ältere Pinguine, die nicht mehr so gut sehen konnten, waren nicht mehr von ihren Tauchgängen heimgekehrt. Seine Eltern und andere Männchen der Pinguinkolonie sagten deshalb, sie seien bestimmt von den riesigen Netzen gefangen worden. Aus lauter Schreck und wütend über seinen langen Ausflug und das gefährliche Spiel in der Nähe der Fischnetze hatte sein Vater einen regelrechten Zorntanz aufgeführt. Er war von einem Fuß auf den anderen gehüpft und das Spielverbot leitete für Max einen der langweiligsten Abschnitte seines jungen Lebens ein.

Zorniger Pinguin

10.   Der Singstar Abigail

„Ich habe ihn endlich entdeckt", krächzte auf einmal der Pelikan und landete auf dem gleichen Felsen, den auch der Pinguin sich zum Ausruhen ausgesucht hatte. „Wen hast Du entdeckt? Doch nicht etwa den echten Leoparden, oder?", fragte Max, der wieder aus den Gedanken an seine Eltern gerissen wurde. „Doch, klar, ich habe die

Leopardenfamilie gefunden! War doch nur eine klitzekleine Flugnummer von mir und flupp-die-wupp hatte ich sie. Sie ruhen sich aus. Schlafen vermutlich, bevor sie wieder auf die nächste Beutejagd gehen. Lass uns noch aufbrechen, bevor es dunkel wird, Max", rief Fridolin 'rüber. „Wie soll ich denn dorthin kommen? Ich kann doch nicht fliegen! Die Aktion kannst Du mal wieder allein machen! Ich bin den weiten Weg von unserer Insel nach Südafrika geschwommen und nun habe ich vom Meer aus wieder nur Fische und langweilige Möwen gesehen. Toll, dass war ja ein Super-Vorschlag, Fridolin!" Der Pelikan dachte nach und überlegte kurz, wie sie ihren cleveren Plan doch noch erfolgreich erfüllen könnten. Wie könnten sie von der Felsküste aus gemeinsam die faszinierenden Raubkatzen verfolgen?

Da setzte sich ein kleiner Singvogel direkt neben die beiden Abenteurer auf den Felsen und sang ein kurzes Lied. Es klang so fremd und doch vibrierte der Körper des kleinen Vogels so rhythmisch, dass Max der Atem stockte. So etwas Schönes hatte er auf seiner Insel noch nie zu Gehör bekommen. Wow, was für ein großartiger Sänger hier an der Felsküste! Als der schöne Vogel sein Lied beendet hatte, fragte Fridolin: „Weißt Du, wo der Leopard Matimba und seine Familie zum Trinken hingehen?" „Klar weiß ich das. Heute Morgen waren sie am Wasserloch. Doch dann sind sie gleich wieder an den Fluss der Krokodile zurückgekehrt." „Der Fluss der Krokodile, wo liegt der denn, kleiner Singstar?", fragte Max aufgeregt. „Den könnt ihr von hier aus sehen." Dabei drehte er sich etwas zur Seite.

Abigail

Jetzt blickten alle drei die Felsen entlang und ihre Blicke trafen auf einen Fluss, der vor ihnen ins Meer mündete. „Und warum bist Du Dir so sicher?", fragte der vorwitzige Fridolin etwas zu forsch, wie Max meinte. „Na, weil das jeden Tag so ist. Wenn sie morgens hierher kommen, laufen sie nachmittags zum Wasserloch. Wenn der Morgen anders verläuft, kommen sie niemals zweimal am Tag an die gleiche Trinkstelle. Sie sind faul und clever zugleich. Die meisten Tiere dagegen sind dumm. Sobald es sich herumgesprochen hat, dass die Leoparden zum Trinken aus dem dichten Urwald aufgetaucht sind, rennen die ängstlichen Gazellen, Antilopen, Springböcke und alles, was sonst noch vier Beine hat, zur anderen Wasserstelle", sagte der Singvogel in schönen, rhythmischen Sätzen zu den Ausflüglern. „So wechseln die Jäger ihren Standort am Ende des Tages und erlegen die schwächsten und langsamsten Tiere rund um die Wasserstellen." „Wie heißt Du?, kleiner

Singvogel", fragte Max. „Ich bin Abigail, ich bin eine bekannte Sängerin hier an der Küste und pfeife morgens bis abends Lieder. Nachts ruhe ich mich hier auf dem Felsen aus, damit ich nicht gefressen werde. Ich bin nämlich total nachtblind und im Urwald gibt's 'ne Menge düsterer Gestalten, die meistens im Dunkeln zuschlagen. Da bin ich hier außer Reichweite. Sie haben vor dem Meer mächtigen Respekt, zumindest die meisten Raubtiere. Mittendrin und doch in Sicherheit, das gefällt mir hier am besten.

„Abigail, Du hast uns sehr geholfen. Wenn das wahr wird, was Du vorhergesagt hast, dann könnte unser sehnlichster Traum heute noch in Erfüllung gehen. Wir sind den langen Weg von unserer Insel hierher geflogen und geschwommen, um den kleinen Leoparden Matimba zu sehen. So etwas hat noch keiner auf unserer Heimatinsel Robben Island erlebt. Nur Fridolins Opa war früher hier, als Matimba geboren wurde.

Er lebt nun nicht mehr und so haben wir uns bis zu Dir durchgefragt, bis wir die Spur Matimbas wiedergefunden haben", sagte ein freudestrahlender Max zu dem neuen Weggefährten. „Wenn ihr zwei Abenteurer wollt, begleite ich Euch. Ich kenne mich hier aus wie kaum ein Anderer. Wenn Gefahr droht, fange ich an zu trillern. Dann heißt es höchste Alarmbereitschaft", rief der Singvogel zu den beiden Inselbewohnern. Sie willigten sofort ein und Max schwamm in gleichmäßigen Zügen zu der Flussmündung. Dort warteten Abigail und Fridolin bereits auf einem der zahlreichen Felsen, die aus der Mündung ragten. „Weiter schwimme ich nicht. Ich bin nur salziges Wasser gewöhnt. Bin auch unsicher, ob mir das ungesalzene Wasser nicht großen Ärger beschert. Ich hüpfe lieber heraus und warte am Ufer auf den berühmten Leoparden", sagte Max zu Fridolin und Abigail. „Das ist doch Quatsch. An Land haut Dir eine Raubkatze doch sofort einen mit der Tatze auf Deinen schwarzen Kopf. Du bleibst hier, bis wir zum Sonnenuntergang wieder zurückkommen. Von hier aus siehst Du optimal und bist in Sicherheit, wenn sich die Situation schnell einmal ändern sollte", pfiff der Singvogel.

11.   Die Gefahr lauert am Wasserloch

Zebras

Schon kamen 13 Zebras aus dem dichten Wald. Sie wanderten gemütlich an die Stelle am Fluss, die eine größere Ausbuchtung hat. Sie war ideal, um Wasser zu trinken und gleichzeitig die Umgebung im Auge zu behalten. Sollte sich ein gefährliches Tier nähern, war noch etwas Zeit, um sich in Sicherheit zu bringen. Das dichte Grün war etwas weiter vom Wasserlauf entfernt. Die Tiere bevorzugten diese Stelle wegen ihrer vielen Vorteile gegenüber anderen Stellen des Flusses. Ruhig bewegten sich die gestreiften Tiere, die im Extremfall auch schnell und beherzt laufen konnten. In der Nähe wartete eine Herde Antilopen darauf, von den Zebras an das Wasserloch gelassen zu werden. Wie jeden Tag herrschte gegen frühen Abend ein reger Andrang an solchen Wasserstellen. Jede wartete gespannt und mit gebührenden Respekt darauf, an der Reihe zu sein. Noch waren die scheuen und weniger starken Antilopen nicht dran. Sie blickten sich unsicher um und vertrieben lästige Fliegen mit ihren Schwänzen. Der Durst hielt sie in knapper Distanz zu der kleinen Gruppe Zebras. Zwei männliche Zebras zankten sich und kämpften im staubigen Uferbereich darum, wer wohl der Stärkere im Rudel war. Sie fletschten die Zähne und richteten sich auf, um für den Gegner noch größer und bedrohlicher zu wirken. Max dachte, wie komisch dieses Gehabe doch war. So etwas kannte er von seiner schönen Insel nicht. Wenn ein Pinguinmännchen sich mit einem anderen Mann stritt, dann doch nicht in dieser bedrohlichen Pose. Er befürchtete, dass die Zebras auch auf einen von ihnen dreien losgehen würden, doch plötzlich war alles um die beiden Zebras herum vergessen: die durstigen Antilopen hatten irgendetwas gerochen, das ihnen Sorge machte, weshalb sie unversehens

die Flucht ergriffen. „Was war das nur?", dachte Max, wobei er aus dem Wasser herauslugte und den fliehenden Antilopen nachsah.

Sie waren wie in Panik und sprangen bis zu fünf Meter weit. Max ahnte, dass ein anderes Tier ihre schnelle Flucht verursacht hatte. Doch er konnte nichts sehen. „Was ist denn los?", rief Max zu Fridolin und Abigail. „Da kommen sie", rief Abigail und nickte mit ihrem Schnabel auf die Lichtung 100 Meter vor ihnen. Tatsächlich – da rannten vier Leoparden hinter der Antilopenherde her und kreisten ein hinkendes Tier ein. Es war offenbar krank und nicht in der Lage, dem Rest der Herde so schnell zu folgen. Max hatte Mitleid mit dem hilflosen Tier und er hoffte auf ein Wunder, doch es trat nicht ein.

Eine der Raubkatzen erwischte das müde Tier an der Rückseite und riss es zur Seite. Es strauchelte und fiel kopfüber in die mit Sträuchern übersäte, vertrocknete Steppe. Der Leopard krallte sich an dem Tier fest und biss der Antilope in die Kehle. Die anderen Leoparden stürzten sich ebenfalls auf das Tier. Die gezielten Bisse der geübten Jäger machten jede Chance auf ein Entkommen aussichtslos. Das gefangene Tier brach kraftlos zusammen und die Verfolgungsjagd war beendet. Max war besorgt, denn diese Brutalität war neu für ihn und die Raubkatzen waren offenbar gut trainiert und erfahren.

„Fridolin, meinst Du, die greifen uns auch gleich an?", fragte Max ängstlich seinen Freund, der auf dem Felsen neben ihm hockte. „Die sind beschäftigt. Hast Du so etwas schon einmal gesehen, Max? Das war superspannend, oder? Die haben ja flupp-die-wupp ihre Beute gefangen. So schnell und clever, das war echt beeindruckend", antwortete Fridolin. Max war unsicher, ob sie nicht nach kurzem Essen auf neue Beutejagd gehen wollten und beobachtete das Treiben der vier Leoparden genau. Einer der Leoparden war kleiner und kam erst als letzter beim Fressen an die Reihe.

12.   Matimba und seine Jägerinnen

War das der berühmte Matimba, von dem Fridolins Opa ihm so viel erzählt hatte? Er sah schon so stark und selbstsicher aus. Er hatte sich diesen Leoparden noch als schüchternen Jüngling vorgestellt. Auf Beutejagd an einem vielbesuchten Wasserlauf kam ihm diese Vierergruppe jetzt so kraftvoll und gefährlich vor. „Das ist Matimba! Er wird von den drei Weibchen an die Jagd gewöhnt und offenbar ausgebildet, um später selbst auf Jagd gehen zu können. Sein Vater ist nicht mehr in dieser Gruppe. Er geht allein auf Jagd und hat sein eigenes Revier. Beim Essen ist Matimba erst an der Reihe, wenn

die anderen Jägerinnen keine Sorge mehr haben, satt zu werden",
rief Abigail zu Max herüber.

Leopard Matimba in Lauerstellung

Matimba´s Fell war genauso gezeichnet, wie das der einen
Leopardin. Das war bestimmt seine Mutter. So war dies auch bei
ihnen auf Robben Island. Jeder Pinguin wusste genau, von welchem
Pinguinpaar er abstammte. Jeder aus seiner Kolonie erkannte
sofort, wer wohin gehörte. Hier war dies scheinbar auch so. Krass,
echt beeindruckend!
Die Frauengruppe mit dem Jüngling zerlegte derweil ohne Hast die
Antilope und haute sich den Bauch voll. Matimba schien satt zu
sein, denn er trottete gemütlich weg von der siegreichen Gruppe
und legte sich auf einen kleinen Grashügel. Von hier aus überblickte
er einen großen Teil der Lichtung und die darunter liegende
Flussbiegung.

Matimba auf dem Grashügel

Er hatte etwas Majestätisches. Er wachte wie der kommende König des Urwaldes. Er war ruhig und seine großen Augen bewegten sich kaum. Sein Blick schweifte langsam umher, ihm schien nichts zu entgehen. Er war tatsächlich ein ganz besonderes Tier, ein Leopard, den - wen Fridolin und Max auf ihrem Weg auch fragten – alle kannten. Er war noch schöner, als ihn Fridolins Großvater beschrieben hatte. „Matimba wird schon bald anfangen, eine Frau zu suchen und dann selbst irgendwann Vater junger Leoparden sein. Er hat sich schon zwei oder dreimal gegen einen anderen Jüngling unter den Leoparden im Kampf gestellt, und das ist ein sicheres Zeichen dafür, dass er ein Auge auf ein Weibchen geworfen hat. Darum geht es nämlich, wenn die männlichen Leoparden gegeneinander kämpfen", pfiff Abigail zu Fridolin und Max herüber.

13. Raubtiere lauern überall

Die Zebras waren schon längst verschwunden und kein anderes Tier außer den Dreien hielt sich noch am Wasser auf. Max, Fridolin und ihr Vogelfreund beobachteten nervös die drei fressenden Leoparden und den ruhenden Matimba. „Rrrratsch" klatschte es neben Fridolin aus dem Wasser und riesige Zähne schnappten nach dem hübschen Singvogel. Max zitterte am ganzen Leib und war fast in Ohnmacht gefallen, so gewaltig und schnell war das Krokodil herangeprescht. Abigail war im letzten Augenblick in die Luft entflohen und Fridolin war vor lauter Schreck zehn Meter in die Höhe geflattert und beobachtete gespannt, wie das riesige Tier ins Wasser zurückglitt. „Fluss der Krokodile", dachte Max, hatte Fridolin zu Recht diese Stelle genannt und Abigail hatte sie gewarnt.

Krokodil am Flussufer

Zum Trillern war diesmal keine Zeit geblieben, doch er blickte sich sorgenvoll um, ob noch mehr von diesen gefräßigen Ungeheuern im Wasser lauerten. Tatsächlich näherte sich eine Gruppe von Krokodilen der Stelle, wo Fridolin und Abigail noch Sekunden zuvor friedlich das Treiben der Leoparden beobachtet hatten. Auch am Flussufer gegenüber lauerte ein weiteres Krokodil.

Er hüpfte auf einen Stein und versuchte, den zweiten Felsen im Sprung zu erreichen, da schnappte aus der Tiefe des Flusses ein weiteres Krokodil nach Max. Mehrere Meter geballte Kraft schnellten aus dem Wasser. Doch an der Stelle, an der Max lange Zeit ausgeharrt hatte, war nun kein Pinguin mehr und das Krokodil kam mit seinem Angriff zu spät. Das Herz donnerte wie eine herabstürzende Lawine und Max hüpfte von Stein zu Stein. Er hatte das Ufer noch nicht erreicht, noch drei Felsen, noch zwei und hepp, der letzte Sprung - und er war am Ufer! Die nächsten Schritte watschelte er, so schnell er konnte, und warf sich schließlich erschöpft in den Sand. Die Krokodile tauchten ab und der Angriff war offenbar vorüber. Max hatte keine Kraft mehr und zitterte am ganzen Leib. Er hatte nichts bemerkt von dem Vorhaben der Krokodile und war völlig verblüfft, wie schnell und lautlos der Angriff im Verborgenen hat durchgeführt werden können. Er hatte riesiges Glück gehabt.

Fridolin und Abigail hatten sich auf einem Ast niedergelassen und gespannt zu Max geschaut und gehofft, dass er den heimtückischen, hinterlistigen Angriff parieren könne.

Sie waren stolz auf ihren Pinguin, der sich so wendig und geschickt aus der Gefahrenzone hat befreien können. Doch was war mit Matimba? Er richtete seinen Körper auf und starrte zu Max, der vor einer Felswand kauerte und noch immer, starr vor Schreck, auf die Wasseroberfläche schaute.

Der Leopardenjüngling machte kleinere Schritte auf Max zu und nahm den Pinguin in´s Visier. Sicher hatte er noch nie einen Pinguin zu Gesicht bekommen, doch seine Neugier zog ihn zu diesem ängstlichen Tier am Ufer des Wassers. Fridolin war voller Sorge und rief zu Abigail: „Tu was! Was können wir tun, um Max da rauszuholen?"

Matimba schlich sich weiter zu einem Baum, der zwischen der Felswand und seinem Ruheplatz stand. Bis zu seinen feinen Barthaaren waren alle Sinne auf den Pinguin gerichtet. Da ertönte eine Melodie von dem Baum über dem Leoparden, so hoch und fein, dass alle Tiere im Umkreis von mehreren Metern verstummten und zum Ast emporschauten. Da saß sie stolz wie eine Löwin und pfiff ein Lied in die warme Vorabendluft. Sie sang so brillant, dass

Matimba in Lauerstellung

60

Fridolin wie erstarrt zu Abigail hinüber schaute. Matimba war so überrascht, dass auch er seinen Blick von Max abwendete und nach oben schaute. Abigail trillerte eine Melodie, die so intensiv und durchdringend war, dass Matimba verwundert seine Pläne änderte. Er grübelte darüber nach, was dieser Piepmatz und sein Lied wohl zu bedeuten hätten. Da erkannte Max die Triller-Warnung von Abigail und sah den Leoparden am Fuße des Baumes. Er blickte hinauf und Max hüpfte an den Uferrand. Im Fluss war eine Sandbank zu sehen, die nur wenige Schwimmzüge vom Ufer entfernt lag. Leoparden scheuen das Wasser und Fridolin sagte immer, dass die Leoparden schlecht schwimmen können. Aber wo waren die Krokodile? Warten oder starten? Max bekam Angst und überlegte eine Sekunde. „Spring ins Wasser!", rief Fridolin. „Er kann nicht schwimmen und die Krokodile sind nicht mehr zu sehen. Vertrau mir, Max", schrie Fridolin. Max sprang kopfüber in den Fluss und nach einer flinken Tauchbewegung kletterte er an Land. Er hüpfte noch fünf Schritte weiter, bis der Abstand zum Wasser so groß war, dass er die Sandbank in alle Richtungen gut im Blick hatte. „Perfekt, Max!", krächzte Fridolin. „Das hast Du super gemacht, keiner taucht so schnell wie Du, Max", rief Fridolin erleichtert zu seinem Freund herüber. Er hatte es geschafft! Matimba erkannte, dass es zwecklos wäre, hinter dem merkwürdigen schwarz-weißen Flüchtling hinterher zu jagen und - noch satt von der Antilope - ging er bedächtig zurück zu seinem Hügel, von wo aus er den besten Ausblick auf die Umgebung hatte.

„Abigail, danke für die Warnung. Du hast mir das Leben gerettet", rief Max zu dem kleinen Vogel herüber. „Keine Ursache. Das ist doch Vogelehrensache! Ihr wolltet ja sehen, was aus dem klitzekleinen Leopardenbaby geworden ist. Jetzt habt ihr es mit eigenen Augen gesehen. Ein heimtückischer Jäger ist nichts gegen diesen Leoparden, oder?", pfiff Abigail. Mit List und Tücke hatte der Singvogel ihm das Leben gerettet und dann fiel Max ein, dass es nun endlich Zeit wäre, den Heimweg zur Insel anzutreten. „Fridolin, wir müssen nun aufbrechen. Die Nacht in der Nähe von Krokodilen und Leoparden ist nix für einen Pinguin. Ihr könnt ja einfach auf den höchsten Ast fliegen und das Treiben aus der sicheren Entfernung beobachten. Doch ich sterbe vor Angst, wenn ich hier in der Nacht die Geräusche aus dem Urwald höre und die Krokodile um mich herumschwimmen. Ich kann doch nachts so schlecht sehen, Fridolin", rief Max ängstlich zu seinem Pelikanfreund. „Okidoki, ich fliege zur Flussmündung und wenn die Luft und das Wasser frei sind von Feinden, pfeife ich dreimal schnell hintereinander". Max war skeptisch, denn die Angriffe der Krokodile aus dem Verborgenen hatten ihn überrascht. Doch Fridolin hatte die schärftsten Augen, und aus seiner Perspektive hatte er ohnehin den Überblick. So fixierte Max die beiden Vögel und wartete auf das Signal zum Start.

Plötzlich sauste Fridolin herab, plumpste in das Wasser und stieg sofort wieder nach oben. Ein Krokodil schnappte nach ihm, doch er war flinker als das behäbige Maul des Angreifers. Er blieb nur knapp über dem Wasser und lockte das Krokodil an das andere Ufer. Alle anderen gefräßigen Räuber richteten ihre Augen auf den Pelikan und schwammen zum gegenüberliegenden Ufer. Da erklang ein dreimaliger Pfiff schnell hintereinander. Max erschrak, doch das war jetzt egal. Er sprang ins Wasser und tauchte, so schnell er konnte, auf das offene Meer zu. Er konnte im klaren Wasser jeden Stein und jeden Fisch erkennen, doch jetzt war ihm nicht nach Essen, er wollte in die Freiheit. Zurück in den Ozean! Er tauchte weiter und spürte, wie salziges Wasser seinen Kopf umspülte. Das Meer! Er war in Sicherheit und Wellen rollten über ihn herüber. Er tauchte auf und erblickte das weite, dunkelblaue Meer. Wie schön es sich anfühlte! Er war aus der Gefahrenzone herausgetaucht. Fridolin und Abigail hatten die Krokodile ausgetrickst. Schön, dass er einen solchen Freund hatte! Nein, er hatte mittlerweile zwei Freunde auf seiner Reise mit dabei. Abigail war ihm ebenso ans Herz gewachsen. Sie hatte mit viel List und Mut die Situation durchschaut und gemeistert und ihm gemeinsam mit Fridolin schon zweimal das Leben gerettet. Toll, so eine freundliche und clevere Wegbegleiterin an seiner Seite zu wissen.

Die beiden Vögel flogen in kreisenden Bewegungen auf Max zu und blieben über ihm in der Luft stehen. „Das war super-erste-Klasse, Max! Keiner taucht so schnell, wie Du, mein Freund", rief Fridolin. „Ja, das war rekordverdächtig. Du hattest im Nullkommanix das Meer erreicht. Die Krokodile waren so erstaunt darüber, dass Du es geschafft hast, in dieser wahnsinnigen Geschwindigkeit wieder aus der gefährlichen Flussmündung herauszukommen", pfiff der Singvogel von oben zu Max herunter. Jetzt war die Zeit gekommen, den Rückweg anzutreten. „Danke, Abigail, ich werde es Dir nie vergessen, was Du an diesem Tag für mich getan hast. Allen Pinguinen werde ich von Dir erzählen. Wenn Du willst, kannst Du noch eine Zeitlang mit uns reisen. Dann ist der vorwitzige und übermütige Fridolin nicht so allein in der Luft und kommt nicht ständig auf dumme Gedanken, nicht wahr Fridolin?", rief der Pinguin. „Äh, stimmt genau. Wäre prima, wenn Du noch ein bisschen mitfliegst und Du mir noch eines Deiner wunderschönen Lieder pfeifst", sagte Fridolin.

„Es ist auch für mich die Zeit gekommen, „Danke" zu sagen. Durch Euch beiden habe ich wieder erlebt, was es heißt, Freunde zu haben und seine Träume zu leben. Ich lebe nun schon viel zu lange allein. Jetzt werde ich mich auch wieder einer größeren Gruppe von Vögeln anschließen und mit ihnen gemeinsam durch die Lüfte fliegen. Vielleicht besuchen wir Euch dann irgendwann auf Eurer Insel. Fridolin hat mir schon genau den Weg erklärt. Gute Reise und passt auf Euch gegenseitig auf! Bleibt nachts auf sicherem Gebiet und haltet Augen und Ohren offen, meine lieben Freunde", pfiff Abigail zum Abschied.

14.   Die Heimreise entlang der Wildküste

Es schien fast so, als kullerte eine Träne aus ihrem rechten Auge, vielleicht war es aber auch nur ein Sonnenstrahl, der sich spiegelte - wer weiß. Sie umkreiste ein letztes Mal Fridolin, sank zu Max herab und flog zum Festland zurück. Nun waren sie wieder zu zweit und ein langer Weg lag vor ihnen. „Weißt Du, wie wir jetzt von hier aus wieder zurückkommen?

Wild Coast

Schon bald wird die Sonne im Meer versinken und dann müssen wir in Sicherheit sein", rief Max zu Fridolin. „Klar, wir suchen uns auf einem großen Felsen einen guten Schlafplatz und brechen dann morgen früh auf. Wir versuchen, eines der Boote in der Bucht der großen Stadt zu erreichen, wenn die Sonne wieder hinter den Bergen aufgeht. Lass uns jetzt ein bisschen beeilen, denn je weiter wir an die Stadt herankommen, umso besser. Dann ist der Weg morgen früh - flupp-die-wupp - ganz einfach zu bewältigen. Was meinst Du Max?"

Max war voller Schuldgefühle, weil er seinen Eltern von einer einzigen Nacht bei seinem Freund erzählt hatte. Sie hatten ihm viele Ratschläge mit auf den Weg zu Fridolin gegeben und würden sicher schon davon ausgehen, dass er tot sei. Er würde nun schon eine weitere Nacht nicht bei seiner Familie sein, so lange weg sein wie noch nie in seinem Leben. Langsam stieg Heimweh in ihm auf. Er wollte wieder nach Hause, doch in der Nacht aufzubrechen wäre Wahnsinn, bei allen Gefahren, die draußen auf sie lauerten.

Die Netze waren sicher bei Sonnenuntergang von den Menschen ausgeworfen worden und der Plan von Fridolin klang gut. Vor allem machte er sich Vorwürfe, dass er seinen Eltern nicht die ganze Wahrheit erzählt hatte. Sie hätten niemals zugestimmt, und er gelangte allmählich zu der Erkenntnis, dass er so was nicht hätte tun dürfen. „Was ist denn, Max?", krächzte Fridolin herüber. „Ach nix, Du fliegst wieder voraus, aber bitte nicht so schnell. Wenn Du durch die Luft saust, wie ein Pfeil, kann ich Dir nicht folgen. Bei Dir ist in der Luft immer alles frei. Ich muss ja auch noch Ausschau halten, wer sonst noch im Wasser unterwegs ist. Er tauchte unter und glitt tief hinab, weil es am Boden einfacher war, die lange Strecke zurückzulegen. Er hatte einen riesigen Hunger und die ersten drei Fische, die vorbeischwammen, schnappte er sich und sein Bauch füllte sich seit langer Zeit wieder einmal. Sonst vergaß er das Essen nie, doch vor lauter aufregenden Erlebnissen in Südafrika hatte er gar nicht daran gedacht, sich den Bauch voll zuschlagen.

Er kam an leuchtenden Korallen vorbei und ein Hummer lief unter ihm auf steinigem Boden entlang. Ein Robbenweibchen mit heller Haut und dunklen Tupfen sauste an Max vorbei und spielte mit ihm eine kurze Weile. Max tauchte nach oben und sah, wie die Sonne im abendlichen Farbenspiel ebenfalls baden ging. Wenn die Sonne ihren Tauchgang vollendet hat, ist es höchste Zeit für uns, einen sicheren Felsen aufzusuchen. Wo war Fridolin? Da war er, mit einer Gruppe Seevögel, zog seine Bahnen und nutzte geschickt die Aufwinde. Ohne Kraftanstrengung, scheinbar mühelos schoss er in die Höhe, um dann wieder in einem Gleitflug herabzusegeln. Toll, doch wieder einmal hatte er sich spontan zu einer Änderung seiner Route entschlossen. Max wartete, bis er wieder zu ihm zurückgekehrt war. „Hab schon gedacht, Du bist abgebogen unterwegs, Max", lachte Fridolin. „Hör auf mit dem Blödsinn! Ich bin Dir doch sowieso schnurz-piep-egal. Während ich in superschnellem Tempo an der Küste entlang schwimme, amüsierst Du Dich mit diesen überheblichen Seevögeln, die nur ihr helles Gefieder zur Schau stellen wollen", antwortete Max. Pfeilschnell sausten sie immer wieder hinab ins Meer und stahlen ihm die leckersten Fische. Er mochte sie nicht. „Ich habe sie nur flupp-die-wupp gefragt, wo es einen sicheren Fleck zum Übernachten gibt. Folge mir, wir sind gleich da."

Er drehte kurz ab und setzte seinen Flug fort. Er steuerte auf eine Landzunge zu, die wie ein langgestrecktes Bein eines Leoparden in das Meer hineinragte. Sah er schon wilde Tiere vor lauter Anstrengung? Er tauchte unter und folgte Fridolin auf seiner Route zum Ufer. Kaum Fische waren zu erkennen und das Wasser wurde trübe. Es roch merkwürdig und auch die Korallen wurden immer seltener. Wenn Fridolin das riechen könnte, würde er bestimmt einen anderen Platz auswählen. Nach wenigen Minuten, vorbei an einem Schildkrötenpaar und einer Ansammlung sandfarbener Seesterne, erreichte er den dunklen, schroffen Felsen. Fridolin hatte sich dort bereits niedergelassen und wartete auf ihn. „Hallo, langsamster Taucher dieses Meeres", rief Fridolin, der sich einmal mehr über die späte Ankunft seines Freundes amüsierte. „Ipfittipfittipfitt! Pfast Du gesehpfen, was pfdas fier für pfeine Brühe fist?", fragte Max und verspeiste die letzten Fischreste.

„Ich habe gesehen, dass an der Wasseroberfläche ein kleiner farbiger Teppich liegt. Er ist fast so groß wie unsere Insel. Es riecht hier so, wie wenn die Boote zu unserer Insel kommen", sagte Fridolin nachdenklich zu Max.

„Das müssen aber viele Boote gewesen sein. Oder sie haben gleich ein ganzes Schiff hier begraben. Es war auch kein einziger Fischschwarm weit und breit zu sehen. Das ist wohl eher ein Platz für Menschen. Tiere sind hier nicht sehr willkommen, glaube ich, Fridolin", antwortete Max. Er kletterte aus dem Wasser und es wurde schon dunkel um sie herum. Die Sonne war abgetaucht und es gab keine andere Möglichkeit mehr, als an diesem Schlafplatz zu übernachten. Er würde keinen Meter mehr ins Meer hinausschwimmen. Die Netze werden jetzt bei Nacht ausgeworfen und viele Pinguine sind hiervon nie mehr heimgekehrt. Jedes Manöver in den Tiefen des Meeres nach Einbruch der Dunkelheit konnte für Max lebensbedrohlich sein.

Sie unterhielten sich noch eine Weile über Abigail, Matimba und ihre vielen Erlebnisse an diesem schönen Tag. Sie waren sich einig, dass sie bislang eine sensationelle Reise erlebt hatten. Ihre Augen wurden schwer und beide fielen auf ihrem Felsen in einen tiefen Schlaf. Es fröstelte Max und er grub seinen Kopf noch einmal tiefer in seine plüschige Brust. Schließlich überkam Fridolin ein schöner Traum von einem friedlichen Zusammenleben von Menschen und Tieren.

15. Riesenlibellen nähern sich

Der Wind frischte auf und blies unangenehm vom Meer auf die Küste. Der Lichtkegel eines Scheinwerfers wanderte über die geschwungenen Felsen. Irgendjemand schien etwas zu suchen. Das Boot kam näher und das Motorengeräusch verstummte plötzlich. Der Lichtstrahl bohrte sich von einer Seite des Ufers langsam zur anderen Seite. Der Abstand zu ihnen war nicht mehr weit, Max konnte Stimmen hören, die der Wind zu ihrem Platz herüber wehte. Was suchten Sie hier? Waren Sie hinter ihnen her, um sie einzufangen?

Max suchte nach einem Anhaltspunkt, worauf es die Bootsmannschaft jetzt in der Nacht wohl abgesehen habe. Fischer konnten das bestimmt keine sein. Die fingen ihm jede Nacht die leckeren Fische weg, doch noch nie waren Menschen nachts mit Schweinwerfern an die Nähe des Ufers gefahren. Merkwürdig.

Angst stieg in ihm auf. Er schaute sich um und beobachtete das Geschehen auf dem Meer aufmerksam. Da ertönte am Himmel ein seltsames Geräusch. Eine Riesenlibelle flog auf die Insel zu und kreiste einmal um dieses kleine Stück Erde. Sofort richtete sich der Lichtstrahl in den Himmel und das Licht blinkte drei Mal und wurde dann ausgeschaltet. Das komische Schauspiel wiederholte sich noch zweimal und dieses Rieseninsekt näherte sich der Stelle, wo das Boot gewartet hatte. Eine Luke wurde geöffnet und an einem Seil wurde ein Paket heruntergelassen. Das Boot selbst war unbeleuchtet und ein Luftzug überzog die Bucht. Max und Fridolin beobachteten das eigenartige Ereignis. Das Paket kreiste über dem

Fischerboot und zwei Männer begannen einen Haken zu lösen und nahmen die Ladung an Bord. Das einen ohrenbetäubenden Lärm machende Insekt drehte ab, zog die Leine in die Höhe, bis die Luke wieder geschlossen wurde. Auf dem Boot wurde der Motor wieder angeworfen und nach einiger Zeit auch das Licht wieder eingeschaltet. Er war sprachlos. Da schubste ihn jemand von der Seite kräftig an. Er wackelte und beinahe wäre er seitlich vom Felsen gepurzelt. „Hey, wach auf, Max!", krächzte Fridolin.

„Du hast irgendetwas geträumt und so wirres Zeug gefaselt, wie Riesenlibelle oder so'n ähnlichen Quatsch. Was ist denn los?" Max wurde schlagartig wach und sah sich um. Die Sonne hatte ihren Rundlauf schon begonnen und warme Luft wehte vom Festland herüber. Wahrhaftig! Er hatte schon wieder diesen blöden Traum gehabt. Schon öfter in letzter Zeit hatte er diesen Traum von dem nächtlichen Fischerboot und dem von ihm als Riesenlibelle wahrgenommenen Flugzeug gehabt. „Ich habe wieder von der Riesenlibelle geträumt. Bin froh, dass Du da bist und dass es nur ein Traum war. Jetzt aber los, damit wir noch rechtzeitig zum Ausflugsboot kommen. Meine Eltern werden sicher schon nach mir suchen, vielleicht glauben sie auch, ich sei verunglückt, und vor allem meine Mutter wird sich furchtbare Sorgen machen", sagte Max. „Ich war schon 'ne Runde futtern, doch hier musst Du echt weit raus fliegen, um was Leckeres zu fangen. Du hattest Recht. Das ist kein guter Platz für Tiere, lass uns losziehen. Du futterst ja sowieso unterwegs und da Du nur halb so langsam vorwärts kommst wie ich, können wir uns auch noch auf dem Weg zum Boot den Bauch mit leckeren Makrelen voll stopfen."

So setzte sich Fridolin in Bewegung und stieg in die Höhe und die Morgensonne strahlte schon warm und angenehm auf den Ozean hinaus. Max sprang ins Wasser und begann zum sandigen Boden herabzutauchen. Er hatte ein Gluckern und Brummen in seinem Bauch, weil er so hungrig war. Doch es war nicht leicht, hier einen Fisch zu finden. Es dauerte bestimmt 100 Schwimmzüge, bis er einen leuchtenden, hellblauen Schwarm von Fischen erreichte, der ihm sein Frühstück bescherte. Er freute sich schon darauf, seinen Freunden von seinen Erlebnissen an Südafrikas Küste zu berichten.

16. Das Geheimnis der Glühwürmchen

Das war der verrückteste Ausflug aller Zeiten gewesen und Fridolin hatte einmal mehr den richtigen Riecher gehabt. Er kam immer auf die kuriosesten Ideen und deshalb mochte Max ihn ja so. Doch ab und zu vergaß er die Zeit und so wurde Max auch öfter richtig ausgeschimpft, wenn er zu spät nach Hause kam. Auweia! Das hatte er schon fast vergessen. Er war schon viel länger von zu Hause weg, als er es seinen Eltern gesagt hatte. Da verstand sein Papa keinen Spaß!

Fridolin genoss die wärmende Sonne und ganz nah vor ihm konnte er den mächtigen Berg erkennen, den sie von ihrer Heimatinsel jeden Tag aus der Ferne betrachten konnten. Häufig rauchte es auf diesem lustigen Berg, dem etwas Entscheidendes fehlte: Er hatte keinen Gipfel! Ein Berg ohne Spitze sah einfach ulkig aus! Er konnte ein Seil erkennen, das von dem Berg bis hinunter zu der riesigen

Stadt führte. Dort lebten die vielen Menschen in ihren Holzhöhlen und er hatte noch immer nicht herausgefunden, woher die Lichter stammten. Jede Nacht schaute er von der benachbarten Insel aus auf das Lichtermeer. Jetzt war die Chance gekommen, der Sache auf den Grund zu gehen. Max war sicher noch meilenweit zurück und ein kleiner Abstecher auf diesen tollen Berg konnte ja nicht schaden. Als er dem oberen Rand des abgeschnittenen Berges näher kam, sah er eine riesige Menschenmenge, die auf dem Felsen herumlief. Die starke Sonne hatte den Himmel in ein malerisches Blau getränkt, doch darüber war eine weiße, dicke Wolkenfahne zu sehen. Er landete auf einem Felsen, der mit Heidekraut überwachsen war. Da kam ein weißhäutiger Junge auf ihn zugelaufen und warf ihm ein großes Stück Brot vor die Füße. „Da iss! Gut! Lecker!", rief er in abgehacktem Wortlaut. „Was soll ich denn mit Brot?", fragte Fridolin verwundert. „Ich lebe doch von Fischen, die es zu Hunderttausenden im schönen Meer da unten gibt", ergänzte er und neigte seinen Schnabel zur Seite, um seiner Aussage noch mehr Nachdruck zu verleihen.

Der Junge war überrascht, dass der Pelikan sprechen konnte und kam vorsichtig einen kleinen Schritt näher und ging in die Knie. Er holte seinen kleinen dunklen Kasten hervor, der ihm an einer Schnur um den Hals hing. Er versteckte sich kurz dahinter, obwohl Fridolin ihn natürlich die ganze Zeit sehen konnte. Was für ein lustiger, kleiner Mensch, dachte sich Fridolin. Der Junge setzte den Apparat wieder ab und lies ihn lachend an seiner Schnur herunter baumeln. „Das war mein erstes Foto von einem Pelikan", rief er triumphierend zu ihm herüber. „Was ist ein Foto?", fragte ein sichtlich irritierter Fridolin. „Mit einem Foto kann ich Dich festhalten, auch wenn Du schon weitergeflogen bist. Ich kann Dich anschauen, wann und wo ich will. Meine Schulkameraden werden staunen, wenn ich mit diesem Schnappschuss zurückkomme, denn einen sprechenden Pelikan hat noch keiner gesehen. Sonst habe ich nur langweilige Aufnahmen von Pflanzen, Landschaften und von anderen Kindern gemacht. Aber das hier ist eine Sensation", strahlte der Junge. „Aber Pelikane gibt es doch total oft. Dreh´ Dich doch mal um, und dann kannst Du da vorne auf der Insel Hunderte von ihnen sehen. Siehst Du sie?" Der Junge kniff seine beiden Augen zusammen, so dass nur noch zwei Schlitze zu sehen waren. Er hob noch seine linke Hand waagerecht über die Augen, da die Sonne schon tief stand und blendete. Er konnte nichts erkennen. „Ich sehe gar nix. Das ist doch viel zu weit weg", sagte er zu Fridolin. Dachte er es sich doch gleich, dass die Menschen viel schlechter sehen konnten als er selbst. Noch nie hatte ein Mensch ihm einen Fisch vor der Nase weggeschnappt. Er stürzte sich aus der Höhe in die Tiefe und selbst, wenn sich auf dem Wasser weiße Schaumkronen bildeten, sah er den Fischschwarm und holte sich schnell einen fetten Fisch nach dem anderen. Die Menschen brauchten die Nacht und die riesigen Netze, weil sie selbst nichts sehen konnten.

„Sag mir mal, kleiner Junge, was sind das für Lichter in der Nacht, die überall hier am Fuße des Berges zu sehen sind?" „Die Lichter? Ja, das ist doch ganz einfach. Das sind Lampen an den Straßen, an den Häusern und von den Autos. In der Nacht sehen wir ja nicht weit", antwortete der Junge verdutzt. „Das weiß doch jedes Kind auf der Erde", lachte der Knabe über die lustige Frage des Pelikans. „Aha, also keine Glühwürmchen, die in der Nacht flimmern?", fragte Fridolin. „Quatsch. Das gibt´s doch nur ab und zu zu sehen, wenn man ganz viel Glück hat. Nein, jedes Haus und jede Straße ist abends beleuchtet", rief der Junge. „Das ist ja eine tolle Neuigkeit. Die werde ich gleich Max erzählen", krächzte der Pelikan. „Wer ist das denn?", fragte der Junge. Fridolin erzählte ihm von seinem tauchenden Freund und von ihrer Abenteuerreise. Da fiel es ihm sofort wieder ein: Max und das Boot zur Insel! „Pass mal auf, Junge, ich muss jetzt dringend die Flatter machen. Mein Kumpel wartet bestimmt schon ungeduldig auf mich!" „Wie heißt der Berg eigentlich, wo wir gerade sitzen?", fragte Fridolin und machte sich zum Abflug bereit: „Das ist der Tafelberg. Das Wahrzeichen Südafrikas, der Hausberg von Kapstadt", und dabei zeigte er stolz auf Tausende von Häusern zwischen dem Berg und der Meeresküste. „Klasse. Danke für Deine tollen Informationen, Junge!" Er flog eine kleine Acht als Dankeschön für das lustige Gespräch und verabschiedete sich von dem jungen Menschen. Sein Blick schweifte in die Ferne, wo seine Heimatinsel schon zu sehen war. Spät am Abend erzählte der Junge seinen Eltern von der wundersamen Begegnung.

Robben Island vom Tafelberg aus

Merkwürdig, dachte Max. Jetzt habe ich Fridolin schon so lange nicht mehr gesehen und könnte schwören, schon fast am Ziel zu sein. Der Pinguin bemerkte schon seit geraumer Zeit die lauten Motorengeräusche, die seinen Ohren wehtaten. Die Fische waren kaum noch zu sehen und das Wasser wurde wieder etwas trüb. Das waren klare Hinweise darauf, dass Menschen diesen Küstenabschnitt bewohnten. Doch Fridolin war wie vom Erdboden verschwunden. Er war bestimmt entweder bei irgendeinem Erkundungsflug oder haute sich den Bauch mit leckeren Fischen voll. Er tauchte vorsichtig nach oben und kam an die Oberfläche des Meeres. Es ging ein stetiger Wind und die Wellen schaukelten hin und her. Auf der Spitze jeder Woge waren Schaumkronen zu sehen und die Sonne schien schon warm vom Himmel herunter.

Wahrhaftig! Überall waren Holzhütten zu sehen und der hinter ihnen aufragende Tafelberg. Es lagen viele Schiffe an der Küste und

Motorengeräusche kamen von überall her. Er suchte den Himmel nach seinem Begleiter ab. Da kam er angeflogen, vom Berg aus näherte sich ein Pelikan auf direktem Weg seinem Standort - und da erkannte er ihn: Fridolin!

„Bin nur kurz einmal flupp-die-wupp auf den Berg geflogen. Schön, dass Du endlich da bist, Max. Habe schon gedacht, Du tauchst auf dem Rücken oder sammelst Muscheln auf dem Sandboden ein", flachste Fridolin. „Mach Dich nur lustig über mich. Statt in der Luft rumzusausen, wolltest Du doch vor mir herfliegen. Bin sauer auf Dich. Wenn wir jetzt das Schiff verpassen, dann gibt's noch mehr Ärger bei meinen Eltern", antwortete Max. Fridolin hielt sich über Wasser und flatterte auf der Stelle. „Habe unser Schiff gesehen. Es ist gerade eben losgefahren. Wir müssen das diesmal mit dem Anker-mitfahren-Trallala lassen. Wir ruhen uns kurz auf einem Felsen aus und dann tauchst Du direkt zu unserer Insel. Meinst Du, Du schaffst das noch bis zum Ziel, in einem Zug durchzutauchen? Wir haben ja jetzt keinen Anker mehr, an dem Du Dich hochziehen lassen kannst. Wir müssten sonst bis zum nächsten Schiff warten. Das wäre total langweilig und deine Eltern suchen bestimmt schon nach uns. Was heißt nach uns, nach Dir wird gesucht! Mich vermisst ja keiner. Doch Deine Eltern sind bestimmt schon völlig fertig mit den Nerven", sagte Fridolin. „Ja, das glaube ich auch", sagte Max und ließ den Kopf sorgenvoll etwas nach unten sinken. „Dann ruhen wir uns gleich etwas aus. Bin ganz schön außer Puste nach dem langen Tauchgang. War ein größerer Umweg, denn ich wollte bei den Walen nicht gleich für Unruhe sorgen. Bin jetzt müde, doch ohne Pause komme ich wirklich nicht bis zur Insel." Er tauchte unter und kletterte auf den glitschigen Felsen. Fridolin saß schon darauf und blickte zur Insel herüber. Robben Island war noch eine Meile vor ihnen und das Ziel lag praktisch in Reichweite. Fridolin fühlte sich durch den eindrucksvollen Ausflug gestärkt und wartete neben Max. „Soll ich Dir flupp-die-wupp ein paar Fische besorgen?", fragte er Max, der sich neben ihm auf dem Felsen ausruhte.

17. Der verwunderte Delphin

„Würdest Du das für mich machen? Das wäre toll. Dann kann ich etwas Kraft sparen", sagte Max dankbar zu seinem Freund. Fridolin stieg empor und begann seinen Beutezug. Er erspähte die Fische sicher aus höchster Höhe und fiel dann wie ein Stein direkt auf das Opfer. Diesmal schnappte er den Fisch nur und ließ ihn in seinen mächtigen Beutel unterhalb des Schnabels gleiten. Das wiederholte er noch einige Male und kehrte dann zu seinem Freund zurück.

Max wollte grade ein kleines Nickerchen machen, da schwamm ein Delphin vorüber, kehrte um, und fragte den Pinguin: „Wer bist Du denn und was machst Du hier? Eure Kolonie ist doch da vorn auf der Sandinsel!" „Ja, das stimmt. Ich heiße Max und mein Pelikanfreund Fridolin und ich sind auf einer Abenteuerreise und nun sind wir auf dem Rückweg. Die Insel ist unser Ziel, doch mein Freund Fridolin fängt gerade einige Fische. Da kann ich mich nach einer Pause noch einmal ordentlich stärken, damit ich genug Kraft habe für die letzte Etappe." „Das finde ich ja Klasse. So etwas habe ich auf dem Meer noch nie erlebt. Ein Jäger fängt die Fische nicht für sich selbst, sondern für einen Freund! Nur von Eltern und Kindern habe ich das bisher gehört. Ihr beide seid wohl dicke Freunde, oder?", fragte der Delphin. „Ja, das stimmt. Ich ärgere mich zwar häufig über seine verrückten Einfälle. Doch wenn es darauf ankommt, kann ich mich immer auf Fridolin verlassen. Bin stolz, dass er mit mir diese Reise gemacht hat. Südafrika war einfach beeindruckend!" „Ich muss weiter. Ich freue mich, Dich kennen gelernt zu haben. Bisher habe ich Euch Pelikane und Pinguine immer als Gegner bei unseren Jagden nach den Fischen gesehen. Doch nun werde ich meinem Volk erzählen, welche Freunde ich heute kennen gelernt habe.

Pass auf Dich auf und gute Heimreise!", rief der Delphin dem Pinguin zu. „Wie heißt Du, freundlicher Delphin?" „Ich bin Limbo, der Anführer einer großen Tümmlerschule. Wir sind zwanzig Tiere und als ältestes Männchen bin ich in dieser Ecke des Ozeans zu Hause. Viel Glück, und grüße Deinen Freund von mir, es ist Zeit für mich, zur Gruppe zurückzukehren", sagte der Delphin und tauchte ab. Er war noch mehrmals aus dem Wasser herausgesprungen und zeigte einige Schrauben und Sprünge, die Max´ Fähigkeiten bei weitem übertrafen. So etwas war einfach traumhaft! Limbo zeigte noch einige Beispiele seines Könnens und Max sah ihm noch lange nach.

Fridolin segelte auf den Felsen zu und landete sicher neben dem Pinguin. Die Fische zappelten in Fridolins Beutel und er öffnete seinen Schnabel mit der unruhigen Beute. Max war beeindruckt von dem reichhaltigen Fang. Er schnappte sich drei Fische - und sie schmeckten wieder, wie er es von zu Hause gewöhnt war. Es war ein Festschmaus! Er schlang einen letzten Happen herunter. „Pfen letzpfen Fisch pflasse fich Dir lieber Fridolin. Du fast das supfer gemacht fund meine Liebpflingsfische gefangen. Den vierten Fisch schenke pfich Dir zupf Belohnpfung", schmatzte der Pinguin und rückte einen Schritt näher an den Pelikan heran. „Das habe ipp gerne pür Dich gepappt", sagte Fridolin, schlang den Fisch herunter und schüttelte die Wassertropfen von seinem Gefieder. Max war satt und froh, Fridolins Freund zu sein. Sie blickten zur Insel herüber und waren entschlossen, in Kürze die letzte Strecke ihrer Reise anzutreten.

18. Die Rückkehr der Abenteurer

Einerseits war Max froh, bald seine Familie wiederzusehen, andererseits war der Alltag auf der Insel wirklich langweilig gegenüber den aufregenden Erlebnissen ihrer Expedition, den tollen Tieren und der schönen Natur Südafrikas. Mit einem kräftigen Flügelschlag stieg Fridolin vom Felsen empor und startete in Richtung Heimat. Der Pinguin hüpfte an den Felsrand und glitt in die leicht schäumende See. Er tauchte zu dem unter ihm liegenden Korallenriff und freute sich, wieder die vielen Hummer und Seesterne zu sehen.

Kaum war er eine Stunde unterwegs, da sah er einen anderen Pinguin. Plötzlich entdeckte er einen zweiten und gleich dahinter noch einen weiteren. Wow, es waren drei Bekannte aus seiner Kolonie! „Wo warst Du, Max?", fragte der eine von ihnen. „Wir dachten, Du wärst in einem der riesigen Netze elendig gestorben. Toll, dass Du am Leben bist. Alle Pinguine sind im Einsatz, um Dich zu suchen", sagte der zweite Pinguin. Sie umkreisten Max und sein Herz klopfte mit doppelter Geschwindigkeit. „Toll, Euch zu sehen. Ich bin mit Fridolin an der Küste Südafrikas gewesen. Ich werde Euch alles berichten. Doch langsam werden meine Muskeln müde und ich möchte gern nach Hause schwimmen. Könnt ihr mir helfen?", fragte Max. Sie verstanden genau, was der verschwundene Pinguin gemeint hatte. Wenn ein Taucher wüsste, wie man sich kraftsparend in der Gruppe fortbewegte, dann ein Pinguin! Sie wendeten und schwammen im Abstand von wenigen Metern hintereinander. Max reihte sich am Ende der Kette ein. Sie bewegten sich in einer Wellenbewegung, das Wasser perlte an ihnen ab und es ergab sich ein Wechsel aus Sog und Zug und sie kamen in atemberaubender Geschwindigkeit durch das Meer geschossen. Es schlossen sich weitere Pinguine an und wie in einem Triumphzug kehrten sie zur Küste von Robben Island zurück.

Fridolin hatte das Schauspiel aus der Ferne betrachtet und nutzte geschickt die Aufwinde auf dem Weg nach Hause, er kannte die Luftströmungen von seinen vielen Flügen in seiner Heimat ganz genau.   Hier fühlte er sich wohl. Er setzte zum Gleitflug auf die Bucht an und musste sich erstmals sputen, um nicht nach den Pinguinen anzukommen.

Auf der Sandbucht breitete sich die Nachricht wie ein Lauffeuer aus. Von den benachbarten Felsen hüpften Pinguine zur Sandküste herunter. Die Ankunft des verlorenen Freundes stand unmittelbar bevor. Max´ Mutter watschelte unruhig von einem Bein auf das andere. Ihr Herz tanzte im schnellen Rhythmus und ihre Augen suchten die Brandung ab. Ständig kamen Pinguine aus dem Wasser, sie konnten die Rückkehr von Max kaum erwarten. Ihr Mann war nun schon den zweiten Tag um die Insel herumgeschwommen und hatte die Hoffnung nie aufgegeben, dass Max doch noch lebend zurückkehren könnte. Jetzt wartete er neben seiner Frau auf den Augenblick der Ankunft. Er wollte ihm eine lautstarke Predigt über Gehorsam und Disziplin halten.

Doch nun, in der Stunde der sehnlich erwarteten Heimkehr, waren nur noch Glück und Freude in seinem Herzen. Er sah seinen Sohn aus dem Wasser klettern, watschelte auf ihn zu und seine Frau hinterher. Melanie hatte nicht so schnelle Beine wie er und folgte deshalb in einigem Abstand zu ihrem Mann. Max war überglücklich, als er seine Eltern erblickte und hüpfte ihnen entgegen. Er erreichte zuerst seinen Vater und streckte ihm seine Brust entgegen. „Max, endlich bist Du wieder da!", rief sein Vater glücklich und außer Atem. „Papa, es tut mir leid, ich wollte nicht so lange fortbleiben, doch...", japste Max, völlig erschöpft vom letzten langen Tauchgang. „Lieber Max...", rief seine Mutter dazwischen und drückte ihn an sich. „...Junge, Du hast mir gefehlt. Ich wusste genau, dass Du am Leben bist. Ich habe es die ganze Zeit gespürt." Sie wurden umringt von vielen anderen Pinguinen und von allen Seiten rückten immer mehr dieser schwarzen Tiere mit den weißen Bäuchen an die glückliche Familie heran.

Von überall her watschelten weitere Pinguine heran. Die einen hüpften am Strand von Stein zu Stein und die anderen kamen aus dem Wasser und unterbrachen ihre Tauchgänge. Die Insel war zu einer Hälfte plötzlich wie leergefegt und an dem steinigen und felsigen Strandabschnitt drängten sich die Pinguine, um die Geschichte von Max aus nächster Nähe zu hören. Als sein Vater gerade die Frage stellen wollte, warum er denn so lange fortgeblieben sei, bat Max die übrigen Pinguine darum, still zu sein.

Versammlung von Pinguinen

„Papa, lass mich Dir kurz erklären, was passiert ist. Zuerst macht ´mal etwas Platz für Fridolin, der mir die Schönheit Südafrikas gezeigt hat. Er kommt ebenfalls gerade zurück und lasst ihn bitte neben mir landen." Verwundert blickten die schwarz-weißen Pinguine auf den Vogel, der in kleinen Kreisbewegungen zur Landung ansetzte. Noch nie hatten sie an dieser Bucht etwas von Fridolin gehalten. Schon gar nicht hatten sie jemals für ihn Platz gemacht. Sie mochten die Pelikane nicht sonderlich, denn beim Kampf um Fische waren sie oft flinker, mit ihren extrem guten Augen und ihrer Schnelligkeit. So gab es in der Kolonie wenige gute Erinnerungen an Pelikane. „Da haben wir ja den Schuldigen! Sicherlich hat Fridolin überhaupt nicht vorgehabt, rechtzeitig den Rückweg anzutreten. Er hat ja sonst auch nur Unfug im Kopf", schimpfte der Vater von Max. „Dein Vater hat sich unendlich viele Sorgen gemacht, Max. Er ist

genauso froh darüber wie ich, dass Du noch am Leben und zurück-
gekommen bist", entgegnete Max´ Mutter.

„Hört mich an. Ohne Fridolin wäre ich nie zu den atemberaubenden
und faszinierenden Orten Südafrikas gelangt, die wir besucht haben,
und ohne ihn wäre ich auch nicht mehr zurückgekehrt. Er hat mir
gemeinsam mit einer anderen Freundin das Leben gerettet, als es
bei der Begegnung mit dem legendären Leoparden Matimba für
mich lebensgefährlich wurde." Ein Raunen und Gemurmel ging von
Pinguin zu Pinguin und alle waren gespannt auf die Fortsetzung der
Geschichte. „Als ich müde und kraftlos war, hat er mich gefüttert,
wie es im Ozean nur Pinguine innerhalb der Familie füreinander tun.
Selbst Limbo, der Anführer der Tümmler, hat so etwas noch nie
erlebt. Ich habe mich oft geärgert, wenn ihr über ihn schlecht
gesprochen habt. Doch nun, nach unserer tollen Reise, ist mir das
schnurz-piep-egal! Er ist ein Held und somit ein Freund aller
Pinguine", rief Max stolz zu Fridolin und umarmte ihn. Die Pinguine
riefen „bravo" und „toll" und andere jubelten, so dass schon bald ein
buntes Gewirr von Stimmen über dem Pulk der Pinguine lag. „Hört
mich an", sagte Fridolin, „ich habe noch nie einen derart tollen
Pinguin an meiner Seite gehabt wie Max. Er hat nur einen Teil der
Geschichte erzählt. Die ganze Geschichte ging noch anders. Zuerst
einmal ist es allein meine Schuld, dass Max sein Versprechen nicht
hat halten können, nach einer Nacht zurück zu sein", sagte Fridolin
entschlossen zu den Pinguinen. Wieder setzte ein Geplapper ein, so
dass keiner verstand, was Fridolin weiterhin sagte. Er breitete seine
Flügel aus und bat die Gruppe um Ruhe. „Die Geschichte begann
letztlich damit, dass wir auf den Spuren meines Großvaters auf eine
Entdeckungsreise gingen", setzte Fridolin seine Rede fort.

Und so erzählten die beiden Abenteurer die Geschichte von ihrer Erlebnisreise nach Südafrika. Die Pinguine waren stolz und keiner wollte auch nur einen Satz verpassen. Sie versäumten ihren traditionellen Nachmittagsfischfang und auch in den Abendstunden dachte keiner der Zuhörer daran, wegen eines Fischschwarms auch nur einen Fitzel von der Abenteuergeschichte zu versäumen. Sie feierten bis in die tiefe Nacht die Rückkehr von Fridolin und Max. Die Sterne zeichneten wie jede Nacht ein Muster auf das dunkle Firmament und Max fiel erst spät in einen tiefen und unruhigen Schlaf. Matimba erschien ihm in dieser Nacht in einem seiner Träume.

Schlafender Matimba

Auch er war erschöpft und lag müde im sandigen Grasland Südafrikas. Matimba war fortan auf Robben Island so bekannt, als wären alle Pinguine der Kolonie ihm schon einmal von Angesicht zu Angesicht begegnet, diesem erhabenen Jäger aus den Weiten Südafrikas.

Geheimsprachen Verlag
ADW Verlag „Auf der Warft"

Rudolf-von-Langen-Straße 29 • D – 48147 Münster • www.geheimsprachenverlag.de
Mitglied im Börsenverein des deutschen Buchhandels • Verkehrsnummer: 13664
Kontakt: geheimsprachenverlag@gmx.de • 0170-5469192 • 0251-289169-81

Das Buch bringt eine im deutschsprachigen Raum einzigartige Sammlung publikumserprobter Puppentheaterstücke und Geschichten für Kinder im Vor- und Grundschulalter. Die Texte sind hervorragend geeignet als Einstieg in die Präventions- und Projektarbeit in Kindergarten und Schule.

Taschenbuch, 150 S., 12,80 €. ISBN 978-3-939211-31-0